| 新型工业化丛书 |

产业链生态

机理、模式与路径

曹茜芮　王舒磊　王高翔　等　著

电子工业出版社·

Publishing House of Electronics Industry

北京·BEIJING

内 容 简 介

本书主要探讨了产业链生态的概念、发展及实践模式，提出了构建产业链生态的典型模式和战略路径，以及相关的政策建议。同时，本书以新能源汽车产业、硅谷、成都等产业或地区为研究对象，深入分析了对应的产业链生态的组成特征、作用机制和演化特性。最后，本书总结了发达国家如美国、日本、德国、荷兰、韩国和英国，在构建产业链生态方面的经验，以期为关注产业链发展的学者、政策制定者、公共部门管理者、产业分析师和行业研究人员提供有益的参考。

图书在版编目（CIP）数据

产业链生态：机理、模式与路径 / 曹茜芮等著.
北京：电子工业出版社，2024.11. --（新型工业化丛书）. -- ISBN 978-7-121-48660-9

Ⅰ. F062.2

中国国家版本馆 CIP 数据核字第 2024KW8713 号

责任编辑：宁浩洛
印　　刷：三河市鑫金马印装有限公司
装　　订：三河市鑫金马印装有限公司
出版发行：电子工业出版社
　　　　　北京市海淀区万寿路 173 信箱　　　邮编：100036
开　　本：720×1000　　1/16　　印张：14.25　　字数：228 千字
版　　次：2024 年 11 月第 1 版
印　　次：2025 年 4 月第 3 次印刷
定　　价：69.00 元

序言
Foreword

工业化推动了人类社会的巨大进步，也深刻改变着中国。新时代新征程，以中国式现代化全面推进强国建设、民族复兴伟业，实现新型工业化是关键任务。党的十八大以来，习近平总书记就推进新型工业化的一系列重大理论和实践问题作出重要论述，提出一系列新思想新观点新论断，极大丰富和发展了我们党对工业化的规律性认识，为推进新型工业化提供了根本遵循和行动指南。2023 年 9 月 22 日，党中央召开全国新型工业化推进大会，吹响了加快推进新型工业化的号角。

实现工业化是世界各国人民的期盼和梦想。18 世纪中后期，英国率先爆发工业革命，从而一跃成为世界强国。19 世纪末，德国、美国抓住第二次工业革命的机遇，也先后实现了工业化。世界近现代史反复证明，工业化是走向现代化的必经之路。习近平总书记强调，工业化是一个国家经济发展的必由之路，中国梦具体到工业战线就是加快推进新型工业化。新中国成立以来，我国大力推进工业化建设，积极探索新型工业化道路，用几十年时间走完西方发达国家几百年走过的工业化历程，取得了举世瞩目的伟大成就，为中华民族实现从站起来、富起来到强起来的历史性飞跃提供了坚实的物质技术基础。

2023 年 4 月，工业和信息化部党组决定依托赛迪研究院组建新型工业化研究中心，旨在学习研究和宣传阐释习近平总书记关于新型工业化的重要论述，深入开展新型工业化重大理论和实践问题研究。一年多来，形成了一批重要研究成果，本套丛书便是其中的一部分。

数字化、绿色化是引领时代变革的两大潮流，实现新型工业化必须加快推进数字化、绿色化转型。《数字化转型赋能新型工业化：理论逻辑与策略路径》一书认为，数字化转型正在深刻重塑人类社会，要充分发挥数字化对新型工业化的驱动作用，加快制造业发展方式的根本性变革。《数据基础制度：夯实数据要素市场根基》认为，数据基础制度建设事关国家发展和安全大局，要加快完善我国数据基础制度体系。《算力经济：生产力重塑和产业竞争决胜局》提出，通过算力技术的创新和应用，能够发展新质生产力，推动传统产业的数字化转型和智能化升级，培育壮大新兴产业，布局建设未来产业。《融合之力：推动建立"科技—产业—金融"良性循环体系研究》一书，总结了美、德、日等国推动科技、产业、金融融合互促的主要做法，并提出了符合中国国情和发展阶段的总体思路与具体路径。《"双碳"目标下产业结构转型升级》从重点行业、空间布局、贸易结构、风险防范、竞争优势等方面论述了产业结构转型升级问题，并从体制机制、要素保障、政策体系等层面提出对策建议。

推进新型工业化，既要立足国情，体现中国特色和中国场景，也要树立全球视野，遵循世界工业化的一般规律。《产业链生态：机理、模式与路径》一书认为，当前全球经济竞争已经进入到产业链竞争的时代，该书构建了产业链生态的"技术层-生产层-服务层-消费层-调节层"五圈层结构理论，提出了构建产业链生态的筑巢引凤、龙头带动、群星荟萃、点线面递进、多链融合、区域协同六种典型模式。《制造业品质革命：发生机理、国际经验与推进路径》认为，世界制造强国在崛起过程中都会经历"品质"跃升阶段，纵观德国、日本、美国的工业化历程莫非如此，我国也要加快推进制造业品质革命。《瞰视变迁：三维视角下的全球新一轮产业转移》指出，产业转移是不可避免的全球经济规律，对促进全球工业化、科技创新等有积极意义，应系统全面评估产业转移对新型工业化的综合影响，积极谋划并提前布局，增强在全球产业链供应链空间布局中的主动性。《跨越发展：全球新工业革命浪潮下中国制造业发展之路》通过国际和国内比较，对中国制造业实现跨越式发展进行了多维度分析，并提出了可行性建议。从知识层面来说，材料丰富、数据扎实与广泛性构成了此书的显著特色。《面向2035的机器人产业发展战略研究》一书为实现机器人强国战略目标，提出拥有核心关键技术、做强重点领域、提升产业规则国际话语权三大战略举措。

总的来看，本套丛书有三个突出特点。第一，选题具有系统性、全面性、针对性。客观而言，策划出版丛书工作量很大。可贵的是，这套丛书紧紧围绕新型工业化而展开，为我们解决新型工业化问题提供了有益的分析和思路建议，可以作为工业战线的参考书，也有助于世界理解中国工业化的叙事逻辑。第二，研究严谨，文字平实。丛书的行文用语朴实简洁，没有用华丽的辞藻，避免了抽象术语的表达，切实做到了理论创新与内容创新。第三，视野宏大，格局开阔。"它山之石，可以攻玉"，丛书虽然聚焦研究中国的新型工业化，处处立足中国国情，但又不局限于国内，具有较高的研究价值与现实意义。

本套丛书着眼解决新时代新型工业化建设的实际问题，较好地践行了习近平总书记"把论文写在祖国大地上"的重要指示精神。推进新型工业化、加快建设制造强国，不仅关乎现代化强国建设，也关乎中华民族的未来。相信读者在阅读本丛书之后，能更好地了解当前我国新型工业化面临的新形势，也更能理解加速推进新型工业化建设的必要性、紧迫性与重要性。希望更多的力量加入到新型工业化建设事业中，这是一项事关支撑中华民族伟大复兴的宏伟工程。

是为序。

苏波

2024 年冬

前言
Introduction

随着全球化的深化与科技的迭代变革，传统单一产品的竞争模式已难以适应快速变化的市场需求与国际环境挑战。产业链竞争时代悄然来临，产业链上下游的协同合作、多要素融合及多链条协同成为新的发展重点。产业链的竞争不再仅仅是产品与服务的竞争，更已逐步发展为整个系统层面的较量，考验着一个国家、地区、行业或企业对资源的整合能力、对市场的响应速度及对未来的预判布局。全面分析产业链发展的底层逻辑，进而整合和优化产业链各环节，形成协同效应，提升产业链的整体竞争力，成为新时代产业竞争的核心。

在此背景下，产业链生态正逐渐成为推动经济高质量发展的关键力量。产业链生态，指围绕特定产业链，通过企业、政府、科研机构、金融机构等多方主体的紧密合作与协同创新，形成的一种具有自我调节、自我优化、可持续发展能力的产业组织形态。它不仅涵盖了产业链上下游的紧密协作，更包括了创新、服务、资金、人才等多要素的融合与多链条的协同。推动产业链生态建设与发展，将极大提升产业链的整体效能与国际竞争力，是增强产业链供应链韧性和安全性的必由之路，是应对国际贸易摩擦、技术封锁等外部压力，保障国家经济安全的战略选择，也是推动经济高质量发展、实现产业结构优化升级的内在需求。

本书以产业链生态为主题，首先，梳理产业链生态的形成、发展与意义，从时代发展、现实探索、思维逻辑等层面探究产业链生态建设的必要性与紧迫性。其次，借鉴自然生态系统理论，深入剖析产业链生态的结构与演化特性，并从理论层面构建"三维"理论模型、"五圈层"结构框架、"四阶段"演化规律与"双元"动力机制，系统展现产业链生态的全貌，为理解这一复杂系统的运行规律提供理论基础。随后，本书在全面梳理国内外产业链生态创新探索的基础上，进一步总结出五种典型模式，并系统性提炼出"五步走"的产业链生态构建路径，展现产业链生态构建的多样化思路与方法。最后，本书聚焦我国新能源汽车、硅谷科技园区、成都市产业发展等维度，以及美国、日本、德国、荷兰、韩国、英国的产业链生态构建路径，通过深入分析与案例研究，全面梳理提炼实践经验，为不同行业、区域等层面的产业链生态升级提供借鉴。

本书重点回答了以下四个问题。一是产业链生态"是什么"：本书基于自然生态系统理念与产业链发展特征，提出产业链生态是各主体基于技术流、人才流、资金流等交换所组成的协同共生、动态演化的复杂开放系统，从主体、关系、特性等层面明确产业链生态的定义。二是产业链生态"特征是什么"：基于本书所提出的"结构—模式—价值"三维理论模型，进一步提炼技术、生产、服务、消费、调节等组成的"五圈层"结构，并梳理起步、成长、成熟、转型"四阶段"演化规律，探讨内部与外部相结合的动力机制，为理解和评价产业链生态提供理论工具。三是产业链生态"模式是什么"：本书广泛总结国内外产业链生态建设发展案例，提出筑巢引凤型、龙头带动型、串珠成链型、多链融合型和区域协同型五种典型产业链生态构建模式，并对其适用条件、实施策略等进行全面解析。四是产业链生态"构建路径是什么"：本书系统性提出构建产业链生态的战略路径，包括构建企业群落、搭建创新脉络、建设制造体系、构筑生产网络和塑造要素环境五个方面，为政府和企业提供具体的行动指南。同时，本书还提出一系列政策建议，包括加强组织领导、促进要素流动、开展试点示范、优化生态系统环境等，为产业链生态的健康发展提供政策支持。

希望本书的出版，能够为政策制定者、企业领导者及学术研究者提供一种对产业链及产业链生态全新的视角和思考框架，进而激发社会各界对产业链生态建设的深入思考，为推动我国产业链向更高层次跃升、实现经济高质量发展贡献智慧与力量。

目录
Contents

第一篇
总　论

第一章

产业链生态的形成、发展与意义 / 002

第二章

产业链生态的理论意涵与作用机理 / 027

第二篇
代表性产业链生态分析

第三篇
发达国家构建产业链生态的路径借鉴

第一篇
总　论

CHAPTER

1

第一章
产业链生态的形成、
发展与意义

过去，不同产业、不同企业之间的竞争聚焦于产品层面，"得产品者得天下"。随着上下游之间的联系愈发紧密，产业链竞争开始成为主旋律，区域产业的发展壮大离不开构建上下游高效协同的产业链供应链，企业要发展壮大也离不开与产业链上下游的协同联动。随后，创新、服务、资金、人才等多要素融合、多链条协同的发展趋势正在显现，产业链生态的思维和理念也应运而生。

第一节 产业链竞争的时代悄然而至

一、单纯依靠技术和质量的产品竞争模式难以适应市场需求

（一）"得产品者得天下"一度是不变的真理

曾经很长一段时间，不同产业、不同企业之间的竞争聚焦于产品层面，谁掌握了产品生产的关键技术、生产出质量更好的产品，谁就掌握了行业话语权，谁就能够抢占产业价值链的高端。国际上像柯达、诺基亚等全球知名企业，国内像风靡一时的波导等品牌，都是产品竞争时代的经典案例。

柯达，是一个在相机和胶卷产业发展史中无法绕开的名字。曾几何时，柯达凭借领先时代的相机和胶卷，一度主导着全球影像市场，市值稳居世界前五，占据全球胶卷市场的三分之二以上。在数码相机和智能手机还没有大量进入市场之前，胶卷是拍照不可或缺的用品，柯达在胶卷领域可以说是做到了极致，在产品生产技术、产品质量等各方面都达到了同行业其他企业难以企及的高度，这才有了其巅峰时期占据全球近90%的市场份额。

诺基亚，是一个与柯达类似，一度在手机行业牢牢占据头把交椅的行业巨头。从1996年开始，诺基亚连续15年保持手机销量全球第一。NOKIA 1100创下的2.5亿部的销量神话，至今没有其他企业打破。在智能手机没有大规模生产之前，诺基亚手机凭借自身过硬的产品质量在行业内处于无法撼动的

领先地位，牢牢把控全球大部分市场份额。巅峰时期，全球每卖出 2 部手机，就有 1 部是诺基亚。

波导，现在已经很少有人还记得这个名字，但曾几何时，它是让无数中国人为之骄傲的手机品牌。波导手机在产品设计上注重简约、实用和耐用，而不追求华丽、复杂和多功能。波导手机一经推出，很快就在市场上引起了轰动，并迅速占领了低端市场，从 2003 年到 2008 年，波导手机连续六年夺得国内销量冠军，创造了中国手机行业的一个奇迹。波导手机不断创新和突破，率先通过了欧洲 CE 认证，推出了支持 WAP、GPRS、MMS 等功能的手机，开发了自主的操作系统和应用平台，以稳定的产品性能来持续巩固自己的市场。

（二）产品单一优势无法满足不断提升的市场竞争强度

随着市场竞争强度的不断提升，市场对产品的要求不仅局限于功能和质量，还有美观、性能、服务、设计、理念等，涉及从原材料的选取到设计再到生产、销售、售后服务等产业链各个环节，想要单靠产品或其中某个环节取胜难以为继。上文提到的柯达、诺基亚和波导等企业，均是过度投身于产品竞争，而忽视了更加重要的市场需求的变化，才导致了最终的失败甚至沉寂。

柯达直至其宣布破产的那一刻，其胶卷产品质量、生产工艺在世界上仍然是处于绝对领先地位的，但是此时市场需求已经发生了根本性变化，单纯依靠胶卷质量已经无法满足用户的需求。数码相机的问世及逐渐普及，让摄像告别了必须使用胶卷的时代，也让用户可以更加便捷地拍照，而柯达忽视了市场对数码相机的需求，拒绝转型，一味醉心于胶卷产品，最终数码相机问世不到四十年的时间就让柯达这个百年行业巨头宣告破产。

诺基亚长期居于行业头部，牢牢占据全球大部分手机市场份额，再加上自己的产品性能质量优势，同样忽视了市场对手机的需求已经不再是单纯的产品质量了。2007 年史蒂夫·乔布斯带着 iPhone 一代走入市场，2008 年谷歌紧随其后发布了谷歌 G1。然而这并未引起诺基亚的重视，反而认为 iPhone 的网络太过落后，安卓系统的问题随处可见。但是用户的选择显然是更客观的，大家更喜欢全触屏的大屏智能手机。最终，iOS 和安卓完胜诺基亚的塞班和微软系统，诺基亚的市场份额直接从 50% 跌到不足 4%，市值缩水超过 90%。统治了手机市场 15 年的诺基亚终于意识到，手机不光是用来打电话的，仅靠产品质量已经不能适应市场竞争了。

波导与诺基亚类似，沉迷于自身多年领先的国内市场份额，在市场上出现了支持触摸屏、智能操作系统、应用商店等功能的智能手机时，没有及时适应和创新，而是继续坚持自己的按键式、功能机产品。这就导致波导手机在市场上失去了先机和优势，而被其他更具创新力和前瞻性的品牌所超越和取代。

二、注重上下游协同的产业链竞争模式正逐渐成为主流

（一）区域产业的发展壮大离不开上下游高效协同的产业链供应链构建

不同地方拥有不同的资源禀赋，产业发展也有所侧重，从当前我国地方产业发展经验来看，那些发展较好、拥有典型代表产业的地方往往都注重产业链上下游的高效协同。

合肥产业链上下游高效协同发展新兴产业。合肥通过落地一个龙头企业带动一个主导产业，再由一个主导产业培育一个产业链生态，逐步打造出远近闻名的"芯屏汽合，集终生智"的产业布局。以"汽"（新能源汽车）为例，首先，聚焦行业头部企业。合肥抓住新能源汽车发展趋势，瞄准处于危机边缘的造车新势力头部企业蔚来，通过"风险对赌"的高风险投资招引蔚来总部落户经开区。然后，通过头部企业带动效应吸引其他企业进驻。在蔚来落户合肥之后，相继吸引江淮大众新能源汽车、江淮蔚来新能源汽车、长安汽车二期等 50 多个新能源汽车产业重大项目落地。最后，打造新能源汽

车完整产业链生态。合肥现已集聚蔚来、江淮、国轩高科等上下游企业 120 余家，形成了涵盖整车、关键零部件、应用配套的完整产业链。

宁波产业链上下游高效协同发展石化产业。宁波石化基地主要集中在镇海，拥有规模以上工业企业 112 家，并形成了以镇海炼化为龙头的上下游高效协同的石化产业链。一是龙头带动，融通发展。作为宁波石化开发区的龙头企业，镇海炼化发挥产业链"链长"优势和磁石效应，在生产经营、科技创新等方面不断发力，引领园区企业共同发展，助力宁波石化开发区打造高科技产业和支柱产业集聚、生产与生态均衡发展的国家级一流石化产业基地。二是畅通产品内循环，打造产业链生产共同体。镇海炼化拥有总长 460 多千米的 70 多条厂际输油管道，连接园区 20 多家企业，每年互供物料逾 800 万吨。依托镇海炼化，宁波石化开发区目前近九成的原料均可通过管廊在园区内找到，荣膺首批国家新型工业化产业示范基地。三是创新引领，打造产业链创新联合体。以镇海炼化为牵头单位组建的宁波市绿色石化产业链创新联合体，聚焦洁净能源、绿色石化与先进材料领域内的前沿技术、关键共性技术进行攻关，推动研发供给、转移扩散和产业孵化。

（二）企业的发展壮大离不开与产业链上下游的高效协同

纵观当今世界一流企业的发展历程，它们的发展壮大及长时间保持领先地位的重要原因基本离不开与产业链上下游的高效协同。

宁德时代实施全产业链战略推动上下游高效协同，持续巩固动力电池领域龙头地位。宁德时代以稳定材料供应、控制材料成本、拓宽未来收益为目标，利用投资并购、技术渗透、商业模式创新等方式，控制、调整、优化其与上下游企业的关系。一是以强大的资金支持进行产业链投资并购。宁德时代自 2018 年上市以来，较为频繁地通过参股、合资、控股等多种方式，开展与产业链相关企业的深度合作，降低材料和设备成本，增加盈利。二是以强大的研发能力进行产业链技术渗透。宁德时代历来注重电池核心技术的研发，其研发投入比例、研发资金、研发人员和研发成果数量，均在动力电池行业中长期保持第一位。强大的研发创新能力对其全产业链战略的实施起到了助推作用，在作用方式上体现为上下游技术渗透。三是创新商业模式促进产业链绿色循环。宁德时代作为动力电池产业链中的关键企业，不仅对产业链进行了垂直整合，打通了从材料采购到中间产品生产再到最终产品支付的有效链接，还创新性地将动力电池消费末端与原材料端巧妙关联——为摆脱上游核心资源约束，宁德时代前瞻性地布局动力电池消费末端的回收业务。

波音通过产业链上下游高效协同，实现全世界都为波音造飞机。 为了确保原材料和零部件的及时供应，波音公司按照"风险共担、利益共享"的模式推进项目，与全球各地的上下游供应商建立了紧密的合作关系，以满足其生产需求。将波音飞机分解来看，垂直尾翼前缘从中国运往里克森再航运至埃佛里特，翼身整流罩面板从中国运到温尼伯，塔整流罩和主起落架舱门由中国运往埃佛里特，翼梢从韩国运到日本，机身部分从日本运到查尔斯顿，移动尾随边缘内侧襟翼从澳大利亚运到埃佛里特，固定前缘从塔尔萨运到日本，前货舱门从瑞典运至威奇托，客舱门从图卢兹运至查尔斯顿，等等。正是遍布全球的产业链上下游高效协同才造就了波音时至今日的行业龙头地位。

三、创新、服务、资金、人才多要素融合多链条协同的需求正在显现

（一）当前一些亟待破解的产业发展难题其症结不在产业链本身

我国重点领域关键环节"卡脖子"问题。 聚焦我国重点领域关键环节受制于人的问题，不难发现突破问题的关键不在产业链本身。以部分被"卡脖子"的关键零部件为例，涉及产品是否能研发制备、自主制备产品质量如何、质量达标之后如何推广等问题。要解决这些问题，需要考虑是否具备原始创新型高端人才、是否拥有国际一流的科研创新平台、是否有足够资金长期持续性投入、是否设立质量检测验证平台、首台（套）谁来试用、是否拥有足够的产品使用场景进行大规模推广等，而这些已经远超产业链本身的范畴。

　　"中国+N"策略推动产业外迁带来的"平行供应链"问题。随着越南、印度等新兴经济体快速崛起，在美西方国家大力推动的"中国+N"[①]策略下，以外资企业为代表的跨国企业正在加速从我国向外转移，最终构建中国内外两套相互独立的供应链体系。近年来，苹果、三星、东芝、戴尔等主要跨国企业纷纷调整供应链策略，一方面聚焦我国国内市场，不断提升本地供应链配套率，减少进口到中国的货物量；另一方面逐步将部分在华产能或产业链向外转移，打造中国以外的供应链，从而减少了大量货物出口到国外。要破解"平行供应链"陷阱，当务之急是提升产业链在我国的根植性，而产业链根植性的提升除了要加强产业链上下游配套，更为重要的是建设由政策、资金、人才、服务等各方面构筑起的发展环境。

　　国内区域间产业同质化发展问题。随着近年来以芯片、新能源汽车、光伏、数据中心等为代表的新兴产业快速崛起，很多地方不顾自身资源禀赋条件，争相涌入相关领域，造成一些产业盲目布局、地方同质化发展的问题突出。例如，近年来有 28 个省级地方政府纷纷出台支持新能源汽车发展的政策文件；2022 年新增了 23.94 万家新能源汽车相关企业，同比增长 40.34%。地方产业同质化发展背后反映的是区域间"各自为战"，产业链发展难以高效协同，各地之间缺乏合理的"利益共享、风险共担"机制等问题，显然这些问题已经超出产业链的范畴。

　　部分行业企业之间的内卷化竞争问题。内卷化竞争是近年来国内许多行业出现的突出现象。造成这个现象有很多原因，其中较为主要的原因是各地盲目布局导致某个行业产品在短时间内迅速过剩，供给严重大于需求导致企业之间通过降价来寻求销量，由此带来企业之间利润低薄，甚至是没有利润的内卷化竞争。以光伏行业为例，国家能源局数据显示，2023 年 1—10 月，全国光伏发电新增装机容量 14256 万千瓦，同比增长近 145%。2023 年全球实际装机容量已超年初的预期目标，特别是中国市场远超年初计划，光伏企业内卷升级将抑制行业盈利能力。企业内卷化竞争背后反映的是部分地方

────────────────

① "中国+N"指外资在中国以外建立多于一个的生产基地。

产业发展存在短视现象等问题，这些问题也非单纯从产业链角度出发可以解决。

高科技领域链主企业数量不足问题。我国经过几十年的快速发展，已经建成当今世界上门类最多、产业链最完善的产业体系，连续多年成为全球制造业第一大国。然而，就标志性产业而言，目前仅有高铁装备、新能源汽车、光伏、量子通信等为数不多的领域能够跻身世界前列，在飞机、航空航天、工业母机、集成电路等众多科技含量和附加值较高的领域缺乏话语权较大的链主企业。从 2023 年《财富》世界 500 强榜单来看，在高技术领域，美国有苹果、英特尔、惠普、微软、IBM、思科、高通、甲骨文等 15 家知名企业上榜，并且上榜的高技术企业平均收入和平均利润均大幅领先于中国企业。高技术企业数量不足，不是通过产业链上下游协同可以解决的，更多的是依靠创新、资金、政策、人才等多要素高效融合配套支撑。

（二）多链条协同多要素融合是破解制约产业进一步发展问题的内在要求

要破解上述问题，关键在于如何统筹创新链、人才链、资金链与产业链的有机融合，让产业链在得到有效支撑发展的同时，其他链条也能得到进一步的增强与发展，最终以多链条协同多要素融合的方式，打破当前产业发展面临的困境。

产业链与创新链需要耦合联动。创新链是一条由基础研究、应用开发、试制改进等多环节形成的链式结构。产业链是由一系列具有上下游投入产出关系的生产过程所构成的链条，是由原材料、中间产品到最终产品所经历的各生产环节构成的集合。产业链与创新链就像是 DNA 双螺旋结构，相互依存、彼此融合、共同演进。类似我国重点领域关键环节的"卡脖子"，高科技领域缺乏链主企业等问题破解的关键就在于，如何通过科技创新引领带动产业链转型升级，推动产业链现代化建设。

产业链与人才链需要耦合联动。创新驱动实质上是人才驱动，构建现代化产业体系，人才是核心要素。纵观当前全球产业竞争，人才日益成为竞争博弈的决定性力量，很大程度上决定或影响着产业发展的方向、速度和质量。无论是关键核心技术攻关，推动世界一流企业建设，还是谋划区域间产业协同高效发展，都亟须创新型引领型人才。因此，要围绕产业链、创新链需求，精准配置人才链，将人才的培养、吸纳、流动、配置等环节与创新链、产业链进行深度融合。

产业链与资金链需要耦合联动。资金链是整个产业各个环节获取资金支持的链条，资金类型包含政府科学基金、企业科学基金、风险投资基金、银行信贷及资本市场投资等。在技术创新的关键节点，要配备优良的资金环境，持续支撑新技术的突破与应用并实现良性的资金循环。产业链与创新链、资金链的充分融合，能够加速创新进程，促进产业发展壮大，提高创新效率和投资回报率。没有长期稳定的资金支持，类似"卡脖子"问题突破、高技术企业发展壮大等都将是无米之炊，难以实现。

第二节　围绕产业链构建生态的具体实践

一、发达国家耦合各类要素打造标志性产业

（一）美国耦合创新、资金、人才、政策等要素，构建生物医药产业链生态

美国生物医药产业是全球最具竞争力和影响力的医药产业之一，目前市场规模居世界第一。美国的生物医药产业涵盖了生命科学研究及药品研发、制造和销售等多个环节，围绕技术创新、资金投入、人才配置、政策支持等方面打造产业链生态，铸就了如今难以撼动的全球领先地位。

一是通过技术创新奠定美国生物医药核心竞争力。美国拥有世界上最先进的生物医药技术和研发平台，具备强大的科研力量和创新能力。美国生物

医药企业通过不断引进新技术、研发新药物，推动医药科技进步。例如，基因工程、蛋白质工程、干细胞技术等领域的研究在美国均有重大突破，为其生物医药的发展提供了坚实的基础。

二是长期大量的资金投入成为美国生物医药产业快速发展的重要推动力。美国生物医药产业的发展壮大离不开大量的资金投入，多年来，美国政府、风投机构和企业对生物医药领域的投资非常活跃，为生物医药的研发和创新提供了充足的资金支持。同时，美国还拥有完善的风险投资生态系统，吸引了大量的风险投资进入生物医药领域。

三是高水平科研人才是美国生物医药产业的重要支撑。美国拥有世界一流的科研机构和高水平的科研人才，为其生物医药的创新和研发提供了强大的支撑力量。美国的科研机构在生命科学、药理学、遗传学等领域积累了丰富的科研经验和人才资源，为其生物医药的发展提供了良好的科学基础。同时，美国还鼓励和支持大学与企业之间的合作，促进了生物医药领域科研成果的转化和应用。

四是政策支持为美国生物医药产业快速发展提供保障。美国政府一直给予生物医药产业强有力的政策支持，通过制定相关政策，提供资金投入、研发补助和税收优惠等多种方式，激励企业加大研发投入和创新活动。此外，美国政府还加强对生物医药产业的监管，确保药品的安全性和有效性。这些政策的支持为美国生物医药的快速发展提供了良好的环境和条件。

（二）日本耦合人才、创新、资金等要素，构建相机产业链生态

日本的相机工业占据全球市场的主导地位，拥有尼康、索尼、佳能等多个知名品牌，尤其在单反相机、微单相机和镜头等领域具有较强的竞争力。同时，日本的相机工业正在进行技术创新和转型升级，积极开发新型的 3D 相机、深度相机、全景相机等，以适应不同场景的应用需求，提高附加值和利润率。

一是引进大量光学技术人才，奠定日本相机产业发展基础。 日本在相机领域布局较早，在明治维新时期，日本就开始了光学仪器的国产化，引进了大量德国的技术和人才，培养了一大批光学专家和企业家。在第二次世界大战期间，日本为军需生产了大量的光学仪器，如望远镜、瞄准镜、航拍相机等产品，为后面相机产业的快速发展积累了丰富的经验和技术。

二是勇于创新驱动，日本相机产业在全球迅速崛起。 日本在第二次世界大战后，利用战前和战时的技术基础，开发了各种创新的相机产品，如单反相机、自动对焦相机、数码相机等。日本的相机企业非常注重品牌建设和市场开拓，通过不断改进产品性能和质量，赢得了国内外消费者的信赖和喜爱。

三是长期大量的资金投入促进日本相机产业创新能力不断提升。 日本也十分重视科技变革和资源整合，通过持续的资金投入，主动引进新技术、合并或收购其他企业，提高了产业整体的竞争力和创新能力。以佳能为例，通过对技术和研发的持续投入，其掌握了许多专利，树立了行业壁垒。数据显示，佳能一年的专利注册数量超过 3000 件，位居全球前列。

（三）德国耦合科技、人才、质量、政策等要素，构建机械制造产业链生态

德国的机械制造业之所以如此发达，离不开长期积累的技术实力、高度发达的教育体系、卓越的制造工艺和品质管理，以及政策制度的支持。这些因素相互作用，形成了一个相对完整的产业链生态系统，有力支撑起德国机械制造业强劲的发展势头和全球领先地位。

一是长期积累的技术实力为德国机械制造产业奠定了发展基础。 在 19世纪末 20 世纪初，德国的化学、电力、钢铁等产业先后崛起，为德国的工业化和现代化奠定了基础。此外，德国在工业技术方面也一直走在世界前列，拥有一批技术精湛的工程师和技术人才，积累了丰富的经验和技术实力，这些都为德国机械制造业的发展奠定了坚实的基础。

二是高度发达的教育体系为德国机械制造产业提供了有力的人才支撑。德国拥有世界上最发达的教育体系之一，职业教育体系十分完善，为学生提供了全面的职业教育和培训，培养了大量的技术人才和工程师。此外，德国的大学和研究机构也拥有世界领先的研究能力和科研水平，为其机械制造业的技术创新提供了有力的支持。

三是严格的工艺要求和品质管理为德国机械制造产业树立起良好的信誉口碑。德国的机械制造业十分注重工艺和质量控制，对产品的每个细节都进行精益求精的控制和优化，致力于为客户提供高品质的产品和服务。同时，还注重技术创新，不断研发和引进新的技术与工艺，提高产品的技术含量和附加值，不断推出更加先进高端的产品和服务。

四是健全的政策体系为德国机械制造产业筑牢了制度保障。德国政府一直重视科技创新和产业升级，通过各种政策和措施支持工业和机械制造业的发展。同时，德国还建立了完善的法律和制度体系，为企业和创新提供了有力的外部保障。

二、龙头企业从"做产品"转向"做生态"增强整体竞争力

（一）比亚迪发挥先发优势构建新能源汽车产业链生态

在碳达峰、碳中和背景下，我国新能源汽车已进入加速发展新阶段。比亚迪通过加速核心技术自研、构建可靠供应链体系和开放技术资源共享等方式，带动产业链上下游协同发展，推动我国新能源汽车产业行稳致远。

一是紧抓行业发展机遇，抢先入局新能源汽车产业。比亚迪在 2003 年正式收购陕西秦川汽车有限责任公司、北京吉驰模具厂等企业，并于 2008 年正式进军新能源汽车领域。2009 年中国开展"十城千辆"活动，新能源汽车行业进入发展萌芽期，比亚迪紧跟热潮，大力布局新能源汽车，先后推出了王朝系列与海洋系列十余款插电式混合动力汽车和纯电汽车，产品线实

现了高、中、低端市场覆盖。

二是逐步打通核心环节，形成全产业链布局。 2019 年 12 月起，比亚迪先后成立弗迪电池、弗迪视觉、弗迪科技、弗迪动力、弗迪精工等公司，进行动力电池、车用照明、汽车电子、汽车动力总成和汽车模具等零部件的研发制造，逐步形成了从电池原材料到新能源汽车三电系统核心，再到下游整车的制造及研发体系。

三是稳步推进全球战略，全面布局海外市场。 2011 年起，比亚迪与新加坡、丹麦、荷兰等国家签订新能源巴士和出租车订单，并在欧洲和美国投资建设商用车生产工厂。目前，比亚迪商用车业务已遍布全球六大洲 70 多个国家和地区的 400 多个城市，为比亚迪的全面出海之路积蓄能量。2022 年起，比亚迪海外业务拓展速度显著加快，当年 7 月正式进入日本乘用车市场，9 月首个海外乘用车工厂落地泰国，10 月初唐、汉、元 PLUS 三款新能源车型亮相巴黎车展，比亚迪新能源汽车品牌全球影响力显著提升，全球战略布局全面推进。

（二）潍柴动力发挥科技创新优势构建动力装备产业链生态

潍坊市是"鲁氢经济带"上的重要节点，已初步形成大中小企业协作，制、储、运、加、用齐头并进，氢燃料电池研发、制造、应用一体化发展的氢能全产业链条，其中潍柴动力是潍坊市氢能龙头企业。

一是充分发挥链主企业引领带动作用，构建产业生态圈。 潍坊市以潍柴动力为链主企业，形成动力装备产业链，围绕高端发动机、氢燃料电池及核心部件、新能源动力总成、自动变速器、整车及新能源汽车、高端装备零部件及配套等板块，打造形成涵盖铸造、配件、整机、整车等环节的相对完善的产业链条，辐射引领西港新能源、潍柴再制造、浩信集团、华丰动力、山东银轮等相关配套企业，形成了国企与民企协同配合、龙头企业引领与中小企业配套支撑的发展格局。

二是加快全球业务拓展，完善氢能产业链供应链。潍柴动力是山东氢能产业的链主企业，从 2010 年开始布局氢能产业。2017 年起，潍柴动力通过与国际技术领先厂商合作，布局燃料电池系统全产业链，战略投资 PSI、锡里斯、巴拉德等国外公司，战略重组欧德思、威迪斯、飞速燃料电池空压机等国外公司，实现了战略业务覆盖全球、均衡发展。目前，潍柴动力已形成完备的氢燃料电池发动机制造体系，并初具商业化规模。

三是集聚创新资源，积极开展自主创新。2021 年，潍柴动力牵头建设的国家燃料电池技术创新中心在济南正式揭牌，进入试运营阶段。国家燃料电池技术创新中心面向全球协同产业链领军企业、高校、科研院所等优质创新资源，打造形成"以我为主、链合创新"的产学研用技术创新体系，成功开发 15kW～200kW 系列化氢燃料电池发动机，形成一系列转化成果。

（三）埃斯顿发挥市场前瞻优势构建智能机器人产业链生态

埃斯顿按照"通用+细分"的市场战略，扩大下游行业应用覆盖范围，积极布局新兴产业。目前，埃斯顿重点布局焊接机器人细分领域应用、锂电池和光伏新能源领域等，同时加快了海外业务布局，旨在提升全球竞争力。埃斯顿在瞄准新兴产业布局的过程中，不断推进自身产业链一体化、完善产品线，进一步扩大企业知名度和业务能力。

一是高研发投入推动"互联网+焊接机器人"深度融合。埃斯顿着重布局推动焊接机器人在细分领域的应用，建立了稳定、可扩展的机器人焊接云平台。通过远程采集实时运行数据和工艺数据，为客户的设备投资决策、产品质量一致性及精益改善提供数据决策支撑。

二是积极布局锂电池和光伏等新兴领域。随着新能源汽车进入高速增长期，锂电池产业规模快速增长。锂电池企业对生产效率和产品稳定性的需求逐渐提高，对机器人的需求也逐渐增多。埃斯顿积极寻找行业痛点，为行业进行开发定制，如通过对锂电池和光伏工艺的深度理解，开发锂电池和光伏行业专用机器人、运动控制及智能控制单元等系列化产品,满足新能源行业高速、高精、高稳定性、高性价比等要求。

三是积极开展国际化发展战略。埃斯顿先后收购了运动控制厂商 Trio、焊接机器人领军企业 Cloos(克鲁斯)等,在品牌和技术上完成国际化布局,为运动控制解决方案、焊接机器人及工业 4.0 等方面的发展战略奠定了坚实基础。目前,埃斯顿在全球拥有 7 家海外分支机构,业务遍及 60 多个国家和地区。

(四)海尔发挥基础规模优势构建智能家电产业链生态

在全球产业链重构的浪潮下,智能家电产业也迎来转型机遇期。海尔以建立自主可控的供应链体系为导向,以项目为支撑、以创新为引领、以人才为动力,推动智能家电产业集群的产业链、创新链、人才链深入融合,协同发展。

一是以产业配套为重点,形成产业链聚集引力。海尔立足青岛智能家电产业集群,发挥大企业吸引资源的独有引力,将核心配套件和电子元器件的本地配套率从 2005 年的 5%提升至 2020 年的 40.5%。海尔卡奥斯工业互联网生态园项目,实现了从原料到产品的全产业链智能化集成;智能制造、智慧物流、智慧能源的数字化运营,吸引了上游配套企业进入生态园、落地青岛,参与本地产业链生态的构建。

二是以创新为引领,赋能产业链提质升级。在互联网思维模式下,海尔开启了以"企业平台化、员工创客化、用户个性化"为内涵的"三化改革",形成了企业内部创业的体制机制,成功激发起员工内部创业的活力。以此为根基,海尔不断优化创新创业平台,实现了企业平台化的转变,如今海尔已经建立起相对完备的科技创新体系,拥有全球十大研发中心、71 个研究院、超过 1000 个实验室;创建 HOPE 创新生态平台,整合 20 多万名专家、100多万项研发资源。近 10 年内,海尔创造了 170 余项对行业有重大影响的原创技术，全部创新成果均快速转化至产业链。科技与创业孵化机制不断完善，以海尔海创汇的平台模式对外输出创新创业资源，进一步带动产业链升级，推动新兴产业发展。

三是以物联网为根基，构筑产业链发展生态。海尔基于家电行业的离散制造属性和用户个性化定制潜力，探索出制造业全要素整合模式和技术，以生态整合为核心，进一步推出面向整个制造业的工业互联网平台。海尔积极发挥大企业的龙头担当，主动为中小企业开放各类资源和场景，助力其数字化转型，释放出大中小企业融通创新的力量。面向家电、电子、能源、化工等行业，海尔与大企业共建行业平台，与中小企业共享 SaaS 应用，推动企业从场景到生态的数字化转型。海尔从核心业务出发，结合物联网技术，不断向产业链上下游拓展，打造一体化产业链生态，如海尔日日顺供应链，构建了从家电物流、产品安装到售后服务的场景物流生态品牌，在物流领域进行了开拓性探索。

三、各地纷纷实施"链长制"优化本地产业链生态

（一）合肥："多要素耦合"

合肥梳理出集成电路、新型显示、网络与信息安全、量子、新能源汽车暨智能网联汽车、生物医药等 12 条重点产业链，市委、市政府负责人挂帅出征，担任相关产业链"链长"，聚焦资金、人才、创新等核心支撑要素，厚植产业发展沃土。链长深入园区和企业调研，聚焦技术、人才、市场等核心问题，商讨解决制约企业发展的瓶颈问题，提出产业发展思路，鼓励企业继续加大研发力度，掌握核心技术，不断做大做强。链长高位推进解决问题，直接催生了相关产业政策体系的再优化、产业链发展顶层设计的再完善。例如，2020 年 9 月，合肥发布《关于进一步吸引优秀人才支持重点产业发展的若干政策（试行）》，围绕企业和人才关注的稳岗安居等问题，突出重点产业、重点人群，通过提供人才免费租房、补贴购房以及发放岗位补贴、柔性

引才奖补等措施，让来庐各类人才边安居、边就业，营造让人才来了就不想走的良好环境，促进重点产业高质量发展。

（二）长沙："四长联动"

自 2017 年起，长沙明确重点发展工程机械等 22 条工业新兴及优势产业链，在全国率先实施"链长制"。近年来，长沙探索出链长牵总、盟长搭台、校长支撑、行长帮扶的"四长联动"工作机制，抢抓"强省会"战略机遇，聚力营商环境赛道，推动产业链、创新链、人才链、资金链、供应链"五链融合"，打造环节更少、流程更快、成本更低、政策更优、服务更好、获得感更强的一流营商环境，带动产业链上下游发展，产业基础高级化、产业链现代化水平显著提升。同时，长沙建立了产业链项目全周期管理机制，实行一周一通报、一月一调度、一季一讲评、半年一考核、一年一观摩的"五个一"调度机制和全流程"六张清单"台账管理。2022 年，长沙全市 13 个重大引领性产业项目产业投资年度完成率达 124%。

（三）成都："建圈强链"

成都聚焦集成电路、新型显示、创新药、高端医疗器械、航空发动机、新能源汽车等 20 个重点产业，全面实施产业建圈强链"链长制"，推动政府重点支持与市场化机制并重、关键细分领域突破与全产业链推进并行，以重点产业链为工作主线，稳定供应链、配置要素链、培育创新链、提升价值链，打造一批具有比较竞争优势、根植性和国际竞争力强、绿色低碳可持续的重点产业集群，持续推动产业基础高级化、产业链现代化，增强超大城市的经济和人口承载能力。特别是突出了链主企业专项培育，按照"一条重点产业链一套政策工具包"的要求，构建"链主企业+领军人才+产业基金+中介机构+公共平台"的产业生态体系，对产业链上下游、左右岸进行整体协同培育。通过"建圈强链"行动，不断增强产业链生态集聚力、产业链建构力、高端要素运筹力，推动产业高质量发展迈上新台阶。

第三节 产业链生态思维应运而生

一、从理论逻辑看，产业链生态是基于生态系统形成的对产业发展规律的理论性认识

生态系统是一定空间内所有生物与环境通过物质、信息和能量交换形成的统一整体。1925 年，英国哲学家 Alfred North Whitehead 在其著作《科学与近代世界》中，提出了自然现象是由事件构成的，而事件的本质是一个不断变化的过程。以此为基础，冯·贝塔朗菲等学者提出了一般系统论的思想，认为应该把有机体看作一个整体和系统来加以考察，提出要用数学的方法，通过建立模型来研究生物学和机体系统论，为"生态系统"理论的提出打下基础。1935 年，A. G. Tansley 在《植被的概念和术语的使用及其滥用》一文中正式提出"生态系统"的概念，他将"生态系统"定义为：一个物理学意义上的整个系统，它不仅包括各种生物，而且包括构成被称为"生物群区环境"的全部物理因子，即最广泛意义上的生境因子。之后，E. P. Odum 等学者对生态系统的相关理论进行了不断的完善。总体上，生态系统理论认为自然界中的有机体和无机环境之间相互依赖、相互制约，并非孤立存在，它们通过一定的规律结合在一起，并一直处于动态的变化中[1][2]。根据生态系统理论，一个完整的生态系统由生产者、消费者、分解者和非生物环境四部分组成，各主体各司其职，共同维护生态系统的稳定运行。

生态系统理论对产业链培育具有重要的借鉴意义，1989 年，Frosch 和 Gallopoulos 通过比拟自然生态系统，从物质代谢和能量流动的角度提出了产业生态系统的概念，将其定义为由制造业和服务业构成的产业群落与内外部环境相互作用形成的复杂系统，其演化类似于物种种群的演化机理，是多因子交互影响下的有机复合体。1991 年，美国国家科学院与贝尔实验室共

---

① 尚玉昌：《普通生态学（第 3 版）》，北京大学出版社，2010，第 24 页。
② 袁增伟、毕军：《产业生态学》，科学出版社，2010，第 30 页。

同组织了首次产业生态学论坛，对产业生态相关观念、内容和方法以及应用前景进行了全面系统的总结，基本形成了产业生态学的概念框架，认为"产业生态学是对各种产业活动及其产品与环境直接相互关系的跨学科研究"。近年来，Desrchers、Andrews 等学者提出了产业共生理念，认为由于价值规律、市场机制等经济因素的作用，应将产业生态的研究视角扩展到跨地区、跨行业。我国学者李晓华和刘峰从产业链视角考察产业生态系统核心层的分类方式，将产业生态系统划分为创新生态系统、生产生态系统和应用生态系统，并指出产业群落之间形成的复杂关系会影响整个产业生态系统的发展态势，进一步拓宽了观察视角和研究范围，使该概念更贴近经济和社会生活。

除概念研究外，产业生态系统的演化特征、运转模式和机制也是研究热点。1995 年，Graedel 和 Allenby 提出了产业生态系统三级进化理论，参考自然生态系统线性演进、部分循环及完全闭环循环三阶段进化过程，来模拟产业生态系统的演变轨迹，提出了随着时空形态的变化，产业组织应该逐步由独立的、与外界环境割裂的线性产业发展模式转变为与外界环境相互影响且循环的产业生态系统。2007 年，Geng 和 Cote 阐述了产业多样化对产业生态系统的作用原理、机制和价值，指出产业间的互动包括竞争、协同合作等都能促进产业生态系统的良性演化。2010 年，我国学者施晓清基于对产业生态系统中产业群体的特征、形态变化的分析，提出了遵循循环共生原则的生态资源利用、管理和处置新模式。2015 年，Vleva 等人根据对德文斯生态工业园的研究，总结出耦合式、共生式和混合式三种产业生态系统模式，并且指出不同产业之间的协同发展形态最终决定了产业生态系统的类型。

总之，从生态系统到产业生态的相关研究，为开展产业链生态研究提供了理论基础和科学方法。而产业链生态是在产业生态基础上，基于我国产业发展所处的阶段及现实需求进行的进一步延伸和拓展，其内涵更加丰富，形式更加多样，运用更加广泛，影响也更加深远。

二、从现实逻辑看，产业链生态是产业链对外大国博弈突围和对内加速转型升级的根本出路

产业链生态贯通上下游，连接供需侧，畅通"有和无、好与坏、谁敢用、谁来用"等难点堵点，以高水平的产业链自主可控破解我国关键环节"卡脖子"问题。产业链生态以产业链为核心，充分考虑产业链上下游各环节，通过更好配置优势资源形成合力，聚焦"卡脖子"难点堵点，突破"卡脖子"所涉及的原始创新问题、工程化验证问题及后续规模化应用问题，来破解"卡脖子"环节所涉及产品的"有和无、好与坏、谁敢用、谁来用"问题。具体看：

在原始创新任务（0～1）方面，产业链生态可以通过资源配置，充分利用国家重点实验室、高校、科研院所等科研创新资源丰富、跨领域跨学科协同能力强、研究成果易于行业共享的非市场主体承担相应任务。在工程化验证任务（1～10）方面，产业链生态可以通过资源配置，充分利用制造业创新中心、新型研发机构等区域产业资源调动能力强、政产学研用协同机制灵活、以产业转化为目标的混合所有制主体来承担相应任务。在规模化应用任务（10～100）方面，产业链生态可以通过资源配置，选择航空、航天、汽车、轨道交通等重点行业生产规模大、技术基础好、示范带动作用强的骨干企业来承担相应任务。

产业链生态耦合产业创新、资金、人才、政策等要素高效协同，构筑产业"引得来、留得下、活得好、离不开"的发展环境，以强大的产业链吸引力、根植力突破"平行供应链"陷阱。产业链的根植性依托于产业所处国家的要素禀赋条件与产业生态，也受到经济社会环境的影响。产业链根植性本质上取决于能否提供高素质的人才，以及是否拥有不断增强的创新能力、相对完整的产业配套、规模庞大的市场需求和处于领先地位的数字化智能化水平等方面。产业链生态正是通过资源合理配置，将这些方面有机融合，以最大限度提升产业链根植性，让重点领域关键环节企业"引得来、留得下、活得好、离不开"。具体看：

产业链生态有利于高素质人才培养。产业链生态可以通过高效协同高校、科研院所、骨干企业优势平台资源，聚焦产业链各环节发展亟须的高素质人才，通过联合培养、校企共建等灵活机制、科学模式，有的放矢培养高水平人才。例如，在教育部和国资委等中央部门的指导下，由清华大学等一批高等学府、中国石油等一批重点央企共同成立的"国家卓越工程师学院"正是产业链生态构建过程中的重要支撑。产业链生态有利于增强科技创新能力，产业链生态可将资金链与创新链高效融合，持续增加 R&D 投入，并逐步提高基础研究在 R&D 投入中所占比重。同时，产业链生态的演进机制可以促进科技体制改革，推动高校、科研机构的科技成果更多地进行产业转化；完善创新创业设施和配套服务，营造宽容失败的社会氛围，激发科研人员、大学生等群体的科技创业热情。

产业链生态有利于进一步完善产业配套。产业链生态可通过整体利益最大化、产业生态最稳定的本质需求，推动资金链、人才链、服务链、创新链、政策链等配套链条有机组合，以最高效的方式对产业链上下游、供需侧各环节进行配套。例如，浙江通过大力推广数字化智能化技术在政府服务领域的应用，创新实施准入准营、迁移、股权转让等"一件事"改革，让企业开办时间从平均 8.6 天压缩至 1 个工作日。

产业链生态通过"适者生存、因地制宜"的产业选择方式，优化完善国内产业链区域布局，以不同地方"各尽其利"破解地方产业同质化发展问题。 产业链生态作为一个动态生态系统，为了达到资源高效配置、生态体系最优的演进结果，将充分考虑不同地方的资源禀赋条件，按照最为科学合理的"适者生存、因地制宜"的产业选择方式，将各地特色优势充分彰显，发展最适合本地综合条件的产业，避免各地因盲目布局、短视投资、一窝蜂扎堆发展某些热点领域，而陷入同质化竞争的不利境地。具体看：

产业链生态有利于化解地方盲目布局新兴产业的问题。产业链生态理念能够指导地方产业发展综合考虑本地各方面因素，科学研判对本地发展较为有利的发展方向。对于产业经济发达地区，产业发展起步早、基础好，土地空间、环保容量小，综合生产成本不断提高，更适合布局发展数字化、智能化、绿色化的新兴产业，转型升级已有传统产业，转移一批产能过剩、需要扩产的传统产业。对于产业经济欠发达地区，产业发展基础相对薄弱，但土地环保容量大、综合生产成本低，产业发展空间较大，可进一步承接发达地区的产业转移，避免一些适合发展的传统产业过早过快向外迁移；同时结合自身特点，适时发展一些具有较大发展潜力的新兴产业。

产业链生态有利于区域产业高效协同发展机制的建立。产业链生态理念能够从全国统一大市场的角度出发，通盘考虑统筹安排，推动区域协调发展战略深入实施，提高区域发展的平衡性与协调性，更好地促进创新要素在空间上的自由流动和集聚，提高区域整体创新效率；更好地破除各种市场藩篱，加快形成对内对外开放新格局，畅通国内国际两个循环；更好地促进经济发展与资源环境相协调，建立更加系统完备的生态文明制度，真正实现绿色发展；更好地提高不同地区人民群众生活水平，实现发展成果由全体人民共享，促进共同富裕。

产业链生态有利于避免区域间陷入互挖墙脚的招商内耗。产业链生态理念能够指导各地产业发展扬长避短，引导相关地区继续挖掘企业创新潜力，积极布局新的行业领域，开辟新的市场空间，形成新的产业发展增长点。通过产业链生态整体性、系统性的理念指引，能够促进政府部门行为规范，避免国内发达地区利用财政、区位等优势，从中西部及东北地区招引优质企业填补外迁空缺，造成产业资源的内耗与浪费，并加剧地区间发展的不平衡。

产业链生态通过"寸有所长、尺有所短、长短结合"的企业生存规则，促进大中小企业融通发展，以不同企业"各取所需"破解部分行业存在的内卷化竞争问题。产业链生态理念强调组成该生态的各主体各环节需求在一定弹性范围内都能得到满足，并不会让资源都流向某一个或者少数几个主体和环节，造成"一将功成万骨枯"的状况。当前某些行业存在的企业低利润甚至负利润内卷化竞争的现象，亟须以产业链生态来协调产业链上下游、供需侧各环节涉及的大中小企业融通发展，让这些企业各展所长、各取所需，达到互相配合、相得益彰的结果。具体看：

产业链生态能够充分激发龙头企业引领带动作用。与产业链龙头企业相比，中小微企业资金和规模有限，抗风险能力、盈利能力和市场竞争力较弱。产业链生态从产业链整体的韧性与安全出发，促进龙头企业的牵引作用充分发挥，借由其在产业链生态中的影响力和主导地位，将资源禀赋和要素优势拓展辐射到全产业链，真正起到"以大带小"的效果。同时，产业链生态还能推动龙头企业、平台企业，完善供应链上下游企业利益共享机制和风险共担机制，营造"大河有水小河满""你中有我、我中有你"的发展局面，最终通过龙头企业的引领带动，改善中小微企业困境，提升中小微企业的盈利能力，畅通产业链循环。

产业链生态能够有效促进中小企业衔接配套。一方面，产业链生态可通过行业协会搭建工厂信息交流平台，倡导龙头企业与中小微企业空间共享，根据中小微企业提出的具体需求，行业协会可与各地协会、龙头企业协调支持。另一方面，产业链生态能够为中小微企业打造匹配的产业金融链，共享供需信息及生产经营数据，切实做到资金流与信息流相融合。利用供应链金融为中小微企业精准输血，通过监控资金用途将其还原到各个支付场景中，确保资金按计划用于企业发展。此外，产业链生态还能为中小微企业建设政务服务链支撑体系，持续梳理重点领域龙头企业的核心配套中小微企业名单，动态调整、压茬推进，协调解决这些中小微企业遇到的实际问题，打通难点堵点，让产业链有效"转"起来，带动产业链上下游共同发展。

产业链生态通过"保障效率优先、促进生态演进"的资源配置规则，促进优质资源充分流向具有竞争力、引领力的市场主体，以"集中优质资源锻长板"破解链主企业数量不足问题。产业链生态为了维持生态系统稳定运转和不断演进升级，会统筹配置生态体系内部各项要素资源，让更多要素放在资源效应发挥最大的地方，形成集聚效应，打造标志性市场主体。只有打造更多的拥有"独门绝技""杀手锏"的链主企业，才能在未来的全球产业链竞争和重构中掌握主动权。具体看：

产业链生态有利于集中人才优势支持链主企业锻造。链主企业的锻造离不开一流的技术、一流的管理、一流的营销等，而这些都离不开一流的人才。产业链生态可以根据实际发展，集中高校、科研院所、大型企业等各方优势人才资源，高效协同合作，致力于一个共同方向，进行技术攻关、营销攻关、管理攻关等，突破链主企业成长过程中面临的技术壁垒、市场壁垒、创新壁垒等。例如，近年来国家支持建立的国家卓越工程师学院等正发挥着此作用。

产业链生态有利于集中资金优势支持链主企业锻造。一个企业要成为行业内举足轻重的链主企业，绝非一朝一夕可以实现。长时间的投入发展自然离不开大量、持续、稳定的资金投入。产业链生态能够通过调动各种金融机构、金融人才，创新融资模式方法，集中资金聚焦支持某些重点领域关键环节的链主企业培育。例如，国家集成电路产业投资基金股份有限公司就是专门用来支持我国集成电路领域企业发展的。

产业链生态有利于集中政策优势支撑链主企业锻造。纵观当今世界链主企业，其成长壮大的过程往往离不开政府的政策支持与帮助。中国作为社会主义大国，拥有特色鲜明、优势突出的新型举国体制。面对错综复杂的国际形势，产业链生态能够快速反应，促进国家集中财政、人才、土地、税收、上市等各项政策优势，侧重支持某些重点领域关键环节链主企业的发展壮大。

三、从历史逻辑看，产业链生态是在产品竞争和产业链竞争模式的渐次演进中实现的进阶式探索

从前文中我们不难发现，从产品竞争到产业链竞争，再到本书提出的产业链生态理念，都是在不同时间阶段，为适应该阶段经济、政治、文化、科技等综合环境而产生的产业竞争模式。

在产品竞争时代，社会生产力还处于欠发达水平，科技、经济、文化等各方面还相对落后，市场用户的唯一要求就是产品的有无和好坏，在这个阶

段，谁要想在产业竞争中脱颖而出，就必须有"人无我有、人有我优"的产品。随着科技进步，社会生产力水平逐步提升，财富不断积累，产品种类不断丰富，经济、政治、文化等各方面被推动至一个全新的阶段。在这个阶段，要想在产业竞争中占据高地，单纯依靠产品质量已经无法满足市场用户的需求，必须综合考虑产品的原材料、美观、性能、售后等各方面，也就是进入到了产业链竞争阶段。

在经过几十年全球化的快速发展之后，大国博弈、地缘政治、区域不平衡等各种系统性生态性矛盾和问题逐步凸显，造成这些症结的原因已经远超产业或者产业链本身的范畴。在这样的背景下，在产品竞争和产业链竞争时代的发展基础上，能够统筹创新、人才、资金、政策等各要素高效协同、充分融合的产业链生态理念应运而生。当前和今后一个时期，依靠产业链生态理念，构建具有强大韧性的产业链生态，将是产业发展和产业竞争的主流模式。

CHAPTER

2

第二章
产业链生态的理论
意涵与作用机理

产业链生态是基于产业发展的阶段性特征,在产业治理实践中产生的新概念。生态一词源于自然界,生态系统是指特定空间内各生物群落与环境之间因为发生物质、能量、信息交换而形成的统一整体,具有整体性、开放性等典型特性,且具备自调节功能。借鉴生态系统的概念于产业链,意在强调产业链生态也是围绕特定产业链,在互动需求的多边、异质参与者之间所建立的地域产业多维网络体系。产业链生态内涵丰富,产业链各主体在经济、政策、技术等外部环境因素影响下进行物质交换、能量流动和信息共享,形成多种生态学关系,实现整体系统的可持续发展。

第一节 产业链生态的理论意涵

一、生态系统是一定空间内所有生物与环境通过物质、能量和信息交换形成的统一整体

(一)生态系统由生产者、消费者、分解者和非生物环境四部分组成

根据生态系统理论,一个完整的生态系统既包括物质的生产者、消费者和分解者等有机生命体,也包括非生物环境。有机生命体和非生物环境之间通过物质交换和能量流动形成错综复杂的网络关系,构成一个具有特定功能的整体[1][2]。

生产者。在生态系统中,生产者通常指绿色植物。它们能够利用无机物创造的有机物,形成一种自养的状态,并结合自身状况,将能量固定在有机物体内。生产者是连接非生物环境和生物群落的核心纽带。

消费者。在生态系统中,消费者主要指直接或间接以绿色植物、其他物种为食的生物。消费者的范围非常广,包括素食动物、肉食动物、杂食动物

---

① 戈峰:《现代生态学》(第二版),科学出版社,2008 年。
② 李博:《生态学》,高等教育出版社,2000 年。

和寄生动物等，这些生物主要以猎食或寄生关系存在于生态系统中。

分解者。分解者以动物和植物残食中的有机物为能量来源，可以把复杂的有机物分解成简单的无机物，如水、二氧化碳等。这些无机物可以被生产者重新利用，从而完成生态系统中的物质循环。分解者主要包括细菌、真菌等微生物。

非生物环境。非生物环境是指生物体周围的非生物因素，包括物理和化学因素。例如，气候、温度、湿度、光照、土壤、水质等都属于非生物环境。这些非生物因素对生物体的生存、生长和繁殖都有重要影响，是生物体生存和发展的重要基础。

（二）生态系统具有整体性、开放性等典型特性

每个生态系统都既具有生态学的一般特性，也具备系统的典型特性，主要包括：

整体性。生态系统是多个要素综合而成的统一体。各要素在相互联系、相互制约、相互作用下出现新的性质、功能和规律，与各要素独立存在时的性质、功能和规律存在显著区别，且整体大于各部分之和。如果系统整体失去其中一些关键性要素，则难以维持完整的形态而发挥作用。

复杂性。生态系统的复杂性源于生态系统中各个组成部分之间的相互作用和关系，它们既有线性的、单向的，也有非线性的、双向的。这种复杂性体现在许多方面，如食物网结构、物种多样性、能量流动和物质循环等。

开放性。生态系统不是封闭的系统，它与外部环境不断进行物质和能量的交换，表现在生态系统不断地摄入物质和能量，如从太阳辐射中获取能量，从降雨中得到水分，从大气中得到沉降的干物质。同时，生态系统将代谢过程中所产生的熵排向环境。

进化性。生态系统的进化性是指生态系统在长时间内，通过自然选择、

竞争、合作等方式，逐渐适应环境并发生变化的过程，这个过程是生物与环境之间相互作用和影响的结果，推动生态系统的结构和种类成分由简单到复杂，生物对环境的利用由不充分到充分等变化。

动态性。生态系统的动态性是指生态系统不是静止不变的。在自然和人类活动的影响下，生态系统的物种组成、数量、分布和相互作用等方面会随时间而不断变化，相应地，生态系统的结构和功能也会发生变化。

（三）健全的生态系统需要具备三个重要条件

一是系统内各主体占据稳定的生态位。生态位是指一个物种在特定环境中所扮演的角色和功能，涵盖了物种的生活方式、资源利用方式、行为习惯等各类因素，这些因素共同决定了物种在生态系统中的地位。可以从资源维度和空间维度两个主要维度来理解生态位：资源维度上，是物种对资源的利用方式，如食物偏好和获取方式；空间维度上，是物种在环境中的分布和活动范围。当两个物种的生态位重叠较少时，它们有更大的机会在同一生态系统中共存；当两个物种的生态位高度重叠时，它们就会陷入激烈的竞争。因此，只有不同物种都处于适合自己、彼此之间又相互不重叠的生态位，整体生态系统才能处于相对的稳定状态。

二是完善的食物链和食物网。食物链和食物网是生态系统中的重要组成部分，它们描述了生物之间的食物关系。食物链是一个简单的线性模型，描述了从一个生物到另一个生物的直接食物关系。食物网则比较复杂，描述了生态系统中多个生物之间的复杂食物关系。在一个食物网中，一个生物可能同时是另一个生物的食物和捕食者。一个健全的生态系统需要有完善的食物链和食物网，以保证生态系统的稳定和持久。如果食物链或食物网中的任何一个环节被破坏，都可能导致整个生态系统的崩溃。

三是完善的自身调节机制。一个健全的生态系统需要有健全的自身调节机制，这些机制可以帮助生态系统在面临外部压力时保持稳定，如气候变化或其他自然事件。生态系统的自身调节机制主要体现在三个方面：一是同种生物间种群密度的调控，二是异种生物间数量的调控，三是生物与环境之间的相互调控。自身调节机制推动生态系统趋向于稳定状态，使生态系统具有自我修复的能力，即使在受到干扰后也能恢复到原来的状态。

二、产业链生态是各主体基于技术流、人才流、资金流等交换所组成的协同共生、动态演化的复杂开放系统

（一）生态系统理论对产业链培育具有较高的适用性

生态系统理论对产业链培育具有重要的借鉴意义，也为产业链生态的培育提供了新的研究视角[①]。首先，生态系统强调多个主体的有机组合，每个主体都有特定的功能。对于一个产业链而言，不同类型的企业、机构、政府等主体也有各自的功能定位，多个主体也需要作为一个整体存在才能发挥出更大的作用。其次，生态系统强调各主体之间是通过物质、能量和信息的流动而形成的一个整体。这一点与产业链生态的组织也极为相似。企业之间、企业与机构之间、企业与政府之间也要通过物质、信息和能量作为纽带而联系在一起。

（二）产业链生态的总体结构与生态系统相似

与生态系统相似，产业链生态也包括生产者、消费者、分解者和非生物环境，对应一个产业链生态中的企业、机构、政府和相关资源条件等。当然，这种对应不是一对一的，有的企业可能主要承担生产者的角色，而有的企业既要承担生产者的角色，也要作为产品的消费者出现在产业链生态中。企业之间、企业和机构之间、企业和政府之间由物质流、信息流、能量流进行连接，这一点与生态系统相似。同时，产业链生态也具有层级结构，从内到外

---

① 孟兆娟、白福臣：《生态学原理视阈下的研究生学术生态系统优化》，《产业与科技论坛》2015第 20 期。

分别是技术层、生产层、服务层、消费层和调节层。

（三）产业链生态由企业、居民、政府、机构和资源要素等组成

产业链生态的生产者。产业链生态的生产者主要指企业。企业是产业链生态的核心部分，负责产业链生态中产品的生产。从不同的角度来看，产业链生态中的企业可以分为不同的类型，如根据企业的地位，可以分为链主企业、配套企业等。而生产者的产品可以分为两类：一类是面向终端用户的产品，可以称为"终端产品"；另一类是面向其他企业须进一步加工制造的产品，可以称为"中间品"。

产业链生态的消费者。根据所消耗的产品，产业链生态的消费者可以分为两类：一类是终端产品的消费者，可以是居民、政府；另一类是中间品的消费者，一般是企业和机构。消费者的偏好决定了生产者的产品生产方向和标准，在产业链生态中发挥着关键作用。

产业链生态的分解者。产业链生态的分解者主要包括政府和机构两类。在产业链生态中，政府的作用是为企业提供发展所需要的土地等自然资源，监督并规范企业的行为，保障企业的合法权益，形成引导企业发展的相关政策和规划等。机构包括高校、科研院所、服务机构等，主要任务是为企业提供研发设计、人才培训、金融保险等专业服务。

产业链生态的非生物环境。产业链生态的非生物环境是指与产业链各主体相关联的一切事物的集合，既包括土地、水等资源要素，也包括文化等软环境。非生物环境在生态系统中是不可或缺的部分，同样，产业链生态的这一要素也是影响产业链生态形成、运行和演化的重要条件[①]。

生态系统与产业链生态的要素对比见表 2-1。

---

① 基于生态学视角的产业创新生态系统形成。

表 2-1 生态系统与产业链生态的要素对比

系统分类	系统要素			
	生产者	消费者	分解者	非生物环境
生态系统	绿色植物	动物	微生物	水、无机盐、空气、有机质等
产业链生态	企业	居民、政府、企业、机构	政府、机构	土地、水等资源要素，文化等软环境

（四）产业链生态各层由物质流、信息流、能量流进行连接

物质流。在生态系统中，物质流是指物质在生物之间、生物与环境之间的传递和转化过程。与生态系统相似，产业链生态的物质流是指各种产品、原材料等在不同企业之间、产业链的各个环节之间的传递和转化过程。例如，在制造业的生产过程中，原材料从供应商处流向制造商，经过加工后，制成成品再流向销售商，最后到达消费者手中。物质流的持续输送，是产业链生态的基本功能之一。

信息流。产业链生态的信息流主要涉及各个环节数据信息的传递和处理。当前，数字技术广泛应用，产品的设计、研发、生产、物流等各过程都将产生大量数据信息，如产品需求、技术要求等。这些数据信息向整个产业链生态传递信号，推动整个体系发展和变动方向的调整。因此，高效的信息流对于保持产业链生态的稳定运行和持续升级至关重要。

能量流。产业链生态的能量流是指在产业链运行过程中，通过资金、人才、技术和政策等多种载体传递的能量转换与交互过程。能量流的形式不仅包括直接的物理能量转换，更涵盖了驱动产业链创新、协作与扩张的金融资本、人力资本、知识资本及政策激励等非物质能量的流动与整合，它们共同塑造了产业链生态的动态平衡与持续进化能力。

三、产业链生态具有整体性、动态性、开放性、可持续性和韧性等特性

（一）产业链生态的整体性

产业链生态不是产业链上各主体的简单相加和堆积，而是通过物质流、能量流和信息流等线性与非线性相互作用构成的统一体[1]。从结构上看，各主体之间通过一定的方式和规律形成一个"生产网络"，每个主体都有各自的"生态位"。从功能上看，作为一个整体，产业链生态整体功能不等于各组成要素单个功能的加和，而是具备单个主体没有的一些新的特性，即产生"1 + 1 > 2"的涌现性[2][3]，达到整体大于部分之和的效果。

（二）产业链生态的动态性

产业链生态的动态性是指产业链在发展过程中，其构成、组织和运行方式等随着技术进步、市场需求等因素变化而发生持续改变与优化的特性。生态系统具有有机体的一般生物特性，如发育、成长和衰老等。产业链生态与生态系统一样，也总是处于不断发展、进化和演变之中，其结构和功能也呈现出动态性。生态系统各主体之间通过竞争与合作形成共生共荣的关系，彼此互相适应。产业链生态内各主体的关系也在不断调整，对技术条件、需求情况、竞争压力等内外界的变化做出反应[4]。

（三）产业链生态的开放性

在一定的空间范围内，生态系统需要不断与外界进行物质、能量和信息

---

① 刘贵富：《产业链的基本内涵研究》，《工业技术经济》2007 年第 8 期。

② 闫俊宏、许祥泰：《基于供应链金融的中小企业融资模式分析》，《上海金融》2007 年第 2 期。

③ 吴金明、邵昶：《产业链形成机制研究——"4+4+4"模型》，《中国工业经济》2006 年第 4 期。

④ 余东华、李云汉：《数字经济时代的产业组织创新——以数字技术驱动的产业链群生态体系为例》，《改革》2021 年第 7 期。

的交流，以此维持系统的运转。与之类似，产业链生态也是开放的，呈现出耗散结构特性，与其他产业链生态之间通过物质、能量和信息的交互而形成广泛的联系。开放性既有助于推动不同主体获得更为丰富的资源条件，也有助于通过优胜劣汰构建具有竞争力的生态。

（四）产业链生态的可持续性

保持稳定、持续、健康的增长，是产业链生态最为核心的任务。产业链生态的可持续性是指一个成熟的产业链生态能够与自然环境、社会经济等多方面保持和谐共生的关系，其发展方向和发展速度要与资源支撑能力、产业承载能力相匹配，实现产业发展与社会稳定、经济增长、环境保护的多赢局面。

（五）产业链生态的韧性

产业链生态的韧性是指一个成熟的产业链生态在面对环境变化或外部干扰时，具有较强的抗冲击能力，能够迅速恢复和适应。产业链生态具有韧性的重要前提在于，产业链生态的资源要素支撑有力、基本组成单元数量多、产品竞争力强、产业和技术发展路线多样。

第二节 产业链生态的"三维"理论模型

一、产业链生态的结构论

产业链生态的形成是一个从简单到复杂逐步演变的过程，很多学者从结构的角度分析了产业链的形成和基本规律。产业链的理论渊源最早可以追溯到亚当·斯密关于分工的学说，亚当·斯密在《国富论》中写道"生产一种完全制造品所必要的劳动，也往往分由许多劳动者合作完成"[1]。马歇尔后

---

[1] 亚当·斯密：《国民财富的性质和原因的研究》，商务印书馆，1972年，第6～7页。

来把分工扩展到企业与企业之间，可以认为是产业链理论的真正起源①。总体上，产业链是比较具有中国特色的经济学概念，我国学者在产业链理论方面贡献了大量的研究成果。杨公朴、夏大慰认为，产业依据前、后向的关联关系组成的一种网络结构称为产业链②。龚勤林认为，产业链是各个产业部门之间基于一定的技术经济关联并依据特定的逻辑关系和时空布局关系客观形成的链条式关联形态③。蒋国俊提出产业链是指在一定的产业集聚区内，由在某个产业中具有较强国际竞争力的企业，与其相关产业中的企业结成的一种战略联盟关系链④。近年来，围绕中美经贸摩擦，我国学者从产业链韧性等角度也做了大量研究。刘志彪从产业经济学的角度分析了产业链现代化的内涵，指出产业链现代化包括关键技术自主可控、产业链具有强大韧性、创造价值能力更强、各要素协同发展⑤。

从结构论的视角来看，构建产业链生态是适应产业分工逐步精细化、产业组织逐步链条化的必然要求。产业链生态的核心在于有一批竞争力强并且形成良好竞争合作关系的企业群落。在健康的产业链生态支持下，企业可以实现资源共享和优势互补，企业之间可以形成相互依存、共同发展的关系，提高抵御各类风险的能力。政府可以制定相关政策和规划，引导和支持产业链生态的发展。相关高校院所以及金融、人才等专业机构可以为企业提供专业服务和技术支持，促进产业链生态的健康发展。企业、机构和政府部门之间，形成健康韧性的网络结构，共同推动技术创新和模式创新，加速产业升级和转型。

二、产业链生态的模式论

对于产业链的形成模式，专家学者从不同角度进行了分析和论述。郁义

① 马歇尔：《经济学原理（中译本）》，华夏出版社，2005年。
② 杨公朴、夏大慰：《现代产业经济学》，上海财经大学出版社，2002年。
③ 龚勤林：《论产业链构建与城乡统筹发展》，《经济学家》，2004年。
④ 蒋国俊：《产业链理论和稳定机制研究》，西南财经大学，2004年。
⑤ 刘志彪：《产业经济学》，机械工业出版社，2015年。

鸿将产业链类型定义为一个产业链上中下游产业之间或两个相邻市场之间的关联方式，产业链类型是由产品特征及纯技术的因素所决定的。邵昶、李健根据企业之间的主要关系和契约形式，将产业链模式划分为市场交易式、纵向一体化式、准市场式、混合式四种类型①。蒋国俊从供给和生产的角度出发，认为产业链的形成有四个原因：一是为了应对当今国内外激烈的市场竞争；二是为了快速响应顾客的需求；三是出于环境与就业等社会压力；四是为了缓和协作中一些固有的问题。龚勤林认为产业链形成有三条途径：一是出于拓展市场关联和降低交易费用考虑而联合集结形成产业链；二是不同区域的各层次专业化部门为加强前、后向联系，突破边界限制，而走向区域产业链式一体化；三是由某一发育成熟的产业部门在市场需求条件下衍生出若干与之相关联的产业部门，逐环相扣而形成产业链②。

从模式论的视角来看，构建产业链生态是推动各地立足基础优势、探索差异化特色化产业发展方向的路径选择。一个地区产业发展的影响因素是多方面的，有企业和产业自身因素，也受地区管理部门的影响。当前阶段，我国主要行业都形成了较大的产能规模，产业竞争日益激烈。如何形成好的发展模式，已经成为各地的重要工作。各地围绕产业链生态建设也探索出了多个创新模式，如"链长+链主""链长+链主+链创"等。值得注意的是，好的产业链生态建设往往都是各具特色的。每个地区在企业、资源、技术、人才等方面都有自己的基础优势，要根据企业和行业实际需求，发展形成具有差异化的产业链生态环境，才能形成独特的竞争优势。同时，还要加强区域间协同发展，形成产业链生态之间的互补合作及一体化的发展格局，避免产业的无序竞争和资源浪费③。

---

① 邵昶、李健：《产业链"波粒二象性"研究——论产业链的特性、结构及其整合》，《中国工业经济》2007 年第 9 期。
② 龚勤林：《论产业链构建与城乡统筹发展》，《经济学家》2004 年第 3 期。
③ 李想、芮明杰：《模块化分工条件下的网络状产业链研究综述》，《外国经济与管理》2008 年第 8 期。

三、产业链生态的价值论

产业链研究的一个重要目标就是提高产业链的附加值，很多学者从价值链的角度开展了产业链的研究工作。卜庆军等认为，产业链是由某一主导企业倡导的通过某种契约达成的能满足最终顾客需求的有机融合的企业共生体，是由供应商价值链、企业价值链、渠道价值链和买方价值链构成的企业共生价值系统。芮明杰等认为，产业链表达的是厂商内部和厂商之间为生产最终交易的产品或服务所经历的增加价值的活动过程，它涵盖了产品或服务在被创造过程中所经历的从原材料到最终消费品的所有阶段。围绕产业链现代化，国内学者近年来也形成了大量的研究成果。盛朝迅对产业链现代化的内涵做了界定，指出产业链现代化的实质是产业链总体水平的现代化[1]。黄群慧和倪红福从价值链的角度对产业链现代化的内涵做了说明，认为产业链现代化就是中国实现在全球价值链升级的过程[2]。中国社会科学院工业经济研究所课题组认为，产业链现代化可以分为创新能力、价值创造能力、数字化水平、可持续水平、安全性、公平性和协调性的现代化[3]。

从价值论的视角来看，构建产业链生态是发挥我国产业规模大、体系全优势，实现持续转型升级的发展战略。我国拥有世界上最大的制造业产业规模和最完备的产品体系，但附加值整体偏低，高附加值的产业链环节和产品依赖国外，甚至部分环节领域受制于人。产品附加值低是产业体系和生态建设的综合反映，单独依靠技术更新或者企业培育难以改变，需要通过产业链生态的建设，从技术、生产、要素、政策等多维度入手，全面提升产业和产品的竞争力。我国产业规模大、体系全的优势为构建产业链生态提供了便利，使得各主体可以在一个完整健全的生态系统中进行协作和创新，实现资源的

[1] 盛朝迅：《统筹推进产业基础高级化和产业链现代化》，《经济研究信息》2020 年第 7 期。
[2] 黄群慧、倪红福：《基于价值链理论的产业基础能力与产业链水平提升研究》，《经济体制改革》2020 年第 5 期。
[3] 中国社会科学院工业经济研究所课题组：《提升产业链供应链现代化水平路径研究》，《中国工业经济》2021 年第 2 期。

优化配置和高效利用，更有效地利用规模经济效应，共同提高应对全球挑战的能力[①]。

第三节　产业链生态的"五圈层"结构

一、技术层

（一）技术层是产业链生态中技术发展的核心载体

技术层是产业链中各类产品所蕴含技术的总和，是产业链生态最基础的组成部分。与其他层不同的是，技术层属于虚拟层，各类技术蕴含在相关的装备和产品之中。产业链中产品的多样性，决定了技术层包含的技术类型和数量的多样性。例如，根据技术所处的行业，技术可以分为信息技术、通信技术、铸造技术等；根据技术的成熟阶段，技术可以分为颠覆性技术、原始技术、应用技术等。在产业链生态中，企业是技术创新的主体，大学和科研院所等机构是技术创新的重要支撑力量，而政府则为技术的创新和应用提供政策支持和环境。

（二）技术层的水平决定产业链生态的发展层次

正如布莱恩·阿瑟在《技术的本质》中所指出的，技术给我们带来了舒适的生活和无尽的财富，也成就了经济的繁荣。技术层为产业链上所有企业、所有环节提供技术支持和创新动力，技术的发展水平直接决定了产业链上各类产品和企业的竞争力。技术的持续提升也并非产业链生态中某一个企业或某一个机构的事情，而需要各主体通过相互合作、创新和优化资源配置，共同构建一个高效、稳定和可持续发展的生态系统。一个健康有活力的产业链生态，可以推动技术层构成"技术突破—转换应用—技术再突破"的良性循

---

① 张晖、张德生：《产业链的概念界定——产业链是链条、网络抑或组织？》，《西华大学学报：哲学社会科学版》2012 年第 4 期。

环，从而推动产业链生态保持持续的发展和创新。同时，技术层的发展既能推动其他圈层的发展，也受其他圈层发展水平的制约。例如，很多地区有好的企业，但是由于缺少强有力支撑的科研机构，技术创新动力不足，导致产业链升级受阻，企业不得不在其他地方设立分支机构进行技术研发。

二、生产层

（一）生产层由产业链生态中各类生产主体组成

生产层是产业链生态中各类生产主体（主要是企业）的总和。产业链最基本最核心的任务是生产，因此，生产层是产业链生态最基本的功能组成部分。企业的生产效率和产品质量，集中反映了产业链生态的健康水平。企业作为产品或服务的主体，在产业链生态系统中处于最为重要的位置。根据在产业链生态中的地位，企业可以分为链主企业、配套企业等。

（二）生产层的连接方式和强度影响系统的稳定性

生产层中的企业不是孤立存在的，企业在生产经营过程中需要同其他企业达成合作，从其他企业中获得中间品的投入，同时也为其他企业的生产运营提供产品与服务。企业之间的关系可以通过有形产品、无形价值等形式加入企业之间的需求供给链，形成密切的联系。而且，随着技术发展与进步，市场对于产品的要求越来越高端化、个性化，生产活动也向精密复杂化和高端化转变，产业链条逐步延长。这就需要更多的中间品及服务，使得许多产业生产运营的中间品及服务从原本产业中分离出来，形成新的产业，产业分工不断细化，产业分工链条打乱重组，最终形成新的产业分工链条。

三、服务层

（一）服务层由产业链生态中的机构等组成

服务层是产业链生态中为企业发展提供服务的各主体的总和，以机构为主。机构主要包括高校、科研院所、协会和其他专业化服务机构，如人才中心、金融机构、法律中心等。机构作为服务主体，能为创新主体提供大量社会化、专业化的技术咨询服务，在促进企业和产业链发展的同时，也可从中获益。随着技术的不断变化和市场需求的持续升级，服务的内容和方向也随之调整。例如，在信息化方面，早期的信息化重点在于对企业管理流程和产品生产工艺的信息化改造，当前则进一步强调对大数据、物联网和人工智能等新兴技术的应用，强调对全流程数据的挖掘等。

（二）服务层对技术层、生产层进行赋能

服务层作为产业链生态圈层结构的中间层，一方面承接消费层、调节层对产业链发展方向的指引和要求；另一方面负责利用自身能力对技术层和生产层进行赋能。国际经验表明，到工业化中后期，推进制造业服务化才能占领产业链的高端。欧美发达国家的产业结构，普遍存在两个"70%"，即服务业增加值占 GDP 比重的 70%，生产性服务业占整个服务业比重的 70%。我国现在很多地区产业转型升级遇到瓶颈，一个重要的原因在于，产业发展已经从规模扩张过渡到内涵式发展的阶段。这一过程中，单独依靠企业自身难以完成技术和生产能力的突破，需要高校、科研院所和专业化服务机构对企业进行赋能提升。可以说，服务层的发展质量影响着产业链生态的能级和水平[1]。

四、消费层

（一）消费层由各类终端用户组成

顾名思义，消费层是各类消费主体的总和。消费是社会再生产过程中的一个重要环节，也是最终环节，是指利用社会产品来满足人们各种需要的过程。根据消费者特征的不同，消费可以分为生产消费和个人消费。生产消费

---

[1] 张其仔：《产业链供应链现代化新进展、新挑战、新路径》，《山东大学学报》2022 年第 1 期。

是指物质资料生产过程中的生产资料和劳动力的使用和消耗。个人消费是指人们把生产出来的物质资料和精神产品用于满足个人生活需要的行为和过程,是恢复劳动力和劳动力再生产必不可少的条件。

(二)消费能力强弱影响生产层的运转

产品生产的最终指向都是消费,消费者的需求决定了市场的供求关系,消费能力和趋势决定了产业链生态的发展方向。消费调节生产,消费是生产的动力。消费者的选择可以推动企业优化产品设计和改进服务质量,消费者需求的不断变化,也促使企业不断更新产品和服务,持续提高效率和竞争力。值得注意的是,生产层与消费层之间的联系不是单向的,而是互动的、反馈的。生产在受消费影响的同时,也反过来影响消费。生产决定消费的对象、方式、质量和水平,可以提供更多更好的消费机会,为消费创造动力,刺激消费的优化升级。

五、调节层

(一)调节层由政府等管理部门组成

对于企业生产等各类行为的调节,主要包括"看不见的手"和"看得见的手"两类。考虑到"看不见的手"——市场的调节作用集中在消费层,因此,此处的调节层主要指的是"看得见的手"。调节层集中了政府部门及相关行业管理部门。调节层的作用在于政府等管理部门通过发布法律法规、政策规划、标准规范等文件,引导企业进行产业布局和合规性生产。

(二)调节层影响产业链生态的发展方向

调节层体现了政府部门意志,是政府部门对未来发展方向和重点的集中体现。调节层通过货币政策、财政政策和产业政策等手段来调整产业链生态中的资源配置方式,改变或者调整产业链生态的演进方向,产业链生态中的其他主体和活动均受调节层相关政策举措的影响。如果调节层与技术层、生产层、服务层等其他圈层的目标和演进方向相一致，则能充分调动各圈层资源，形成发展合力。反之，如果调节层与其他各层的目标和演进方向相左，则会抑制产业链生态的优化提升。

第四节 产业链生态的"四阶段"演化规律

一、起步期：企业和机构进行零散布局

（一）起步期产业链生态的主要特征

在产业链生态的起步期，产业的主导方向和核心技术产品仍不明确，企业、机构等主体数量不多，土地等相关要素充沛，相关的规划政策仍处于设计阶段或实施初期。在资源要素吸引下，各地企业主体根据产业链生态基础情况，以及自身发展需求进行布局评估，开展初期投资建设。在这一阶段，由于企业数量较少而且技术方向较为分散，企业之间合作较少，企业在生态中的地位也不稳定。进入生态的高校、科研院所和专业机构等数量不多，与企业间联系较少。由于产业链生态初建不久，只有为数不多的企业投资，因此企业进入产业链生态的门槛相对较低。

（二）起步期产业链生态培育的重点任务

在产业链生态的起步期，专业机构等各主体数量较少，系统成员大量缺失，需要通过系统自发的演化或外部力量推进实现要素和结构的完善。这一时期，调节层的主要任务在于完善顶层设计，明确未来招商引资的方向和重点，统筹部署资源要素的分配，同时进行基础设施建设，为引入企业做好准备。生产层上各企业主体，要加快产品研发与制造。考虑到此时产品市场和技术有很大的不确定性，对于用户特点等方面的信息掌握不多，企业要明确

产品市场和技术方向，并进行合理的投资布局。同时，企业主要任务在于加快与消费层各主体建立连接，开辟新用户，占领市场份额，建立供需关系；与服务层进行合作，针对行业特点和生产需求进行服务需求对接，提高产品竞争力。

二、成长期：产业链生态主体和结构逐步丰富

（一）成长期产业链生态的主要特征

当产业链生态进入成长期，产业链生态中的企业数量逐渐增多，生态内部的主体多样性开始提高。生态内成员的实力逐渐增强，出现了具有产业链生态主导力的企业——链主企业，其在产业链生态中的地位进一步巩固，并处于加速扩大生产经营的阶段。产业链上的配套企业数量逐步增加，与链主企业的合作关系进一步紧密。而且，由于企业主体的逐步进入，产业的集群化发展趋势明显，大量同类或上下游配套企业开始集聚，生产厂商和产品相互竞争的局面出现。各类资源要素总体上仍然相对富裕，但竞争已经开始出现，调节层的政策对新进入产业链生态企业的要求和标准会逐步提高。随着生态位重叠程度较高的企业数量越来越多，内部竞争开始加剧，部分资金与技术实力较弱、经营不善的企业开始被淘汰或被兼并。

（二）成长期产业链生态培育的重点任务

在产业链生态的成长期，最为核心的任务就是要围绕产业链的核心方向，加快吸引产业链上下游企业集聚，提高产业协作能力，完善生产网络。通过引导企业加快技术改造升级、提升生产效率等方式来巩固行业地位，提高品牌知名度；并通过研发新的技术、形成新的产品，拓展市场空间。对于调节层而言，各部门要加快资源向优势企业和行业倾斜，同时规范企业粗放发展的倾向。此外，要注重加快服务层的发展建设，通过高校、科研院所、专业机构等的创新能力和服务能力，提高技术层发展速度，提高生产层资源

利用效率等。

三、成熟期：产业链生态实现动态平衡

（一）成熟期产业链生态的主要特征

在产业链生态的成熟期，生态内成员、资源、结构处于动态平衡中，各种物质流、信息流和能量流畅通交互，整体具有一定的抗冲击能力，主要产品的增长速度达到一个相对平稳的状态。此时的产业链生态中，企业主体间经过充分的竞争与合作，分别达到了各自适宜的生态位。一些企业会在竞争中被淘汰，链主企业的地位会进一步巩固，围绕链主企业和核心产品的配套企业梯队基本建成。资源要素供给压力逐步加大，很多企业无法获得土地等资源供给。产业链生态主体之间的需求关系整体进入相对饱和的状态，各主体发展空间也受资源条件等限制相对缩小。

（二）成熟期产业链生态培育的重点任务

当产业链生态进入成熟期，很多优质资源被低端企业主体占据，很多好的新项目无法落地，最需要解决的就是资源的合理配置问题。经过一个周期的发展，生产层中各企业关系相对稳定，需要引导企业加强前沿领域新赛道的布局建设，加强与其他产业链生态交流合作，进一步提高生产网络的稳定性。调节层需要将发展重点放在引导鼓励企业在提高自身核心优势的同时，未雨绸缪，推动产业链供应链多元化。

四、转型期：产业链生态承载能力达到极限

（一）转型期产业链生态的主要特征

每个生态系统都有"生老病死"的过程，当系统各方面达到极限时，即进入"衰退期"。产业链生态也有相似的过程，这一时期一般出现在较长的

稳定阶段后。土地等基本的资源要素已经分配殆尽,产品技术成熟但市场需求已经大幅下降,部分产品面临淘汰。企业综合实力仍然较强,但缺少新技术和新产品方向。这一时期,产业链生态发展的活力动力不足,竞争力出现退化现象,如果能够及时调整方向,则进入"转型期";如果维持现状不做改变,则进入"衰退期"。

(二)转型期产业链生态培育的重点任务

当产业链生态发展到转型期,调节层需要及时发现企业和市场的变化,引导企业积极做出调整。引导企业通过产品技术创新、业务模式创新、组织方式创新等进行转型,改进产品功能、提高产品质量、降低产品成本,延长产品的生命周期,延缓衰退的进程。调节层要抓紧出台相关产业政策,引导企业布局新产品方向,寻找新的增长点,避免过度依赖衰退的市场,同时推动企业通过合并、收购、重组等方式来进行资源整合。此外,从外部引入高端人才、优质企业和项目,实现产业链系统的升级创新,使产业链生态重新进入新一轮的发展周期。

第五节 产业链生态演化的"双元"动力机制

一、产业链生态演化的内部机制

(一)技术的创新与应用

技术创新是产业链生态演进的核心驱动力。技术作为产业链生态的核心组成部分,其发展方向、发展水平决定了产业链生态的演进变化方式。产业链生态中企业通过开发或引入新技术,可以提高生产效率,降低生产成本,形成新的产品和服务,从而推动产业链生态整体的升级和优化。但同时,如果产业链生态中的技术创新速度较慢,外部其他产业链生态中的技术创新会对本生态施加压力。尤其是一些颠覆性技术的出现，有可能在短时间内彻底改变行业格局，甚至出现现有产品在短时间内被完全取代的局面。

（二）企业间竞争与合作

产业链生态建设的一个重要基础就是内部企业间通过竞争与合作形成链条。企业间健康的合作可以促进资源共享，实现优势互补，从而实现生产能力和资源利用效率的提升，共同推动产业链生态的发展。同时，竞争也不可避免。适度的竞争可以激励企业不断创新，提高产品质量和服务水平，降低成本。但如果企业间的竞争过于激烈，可能导致资源浪费和恶性竞争，甚至引发价格战等不利于产业链生态健康发展的行为。

（三）政府部门的引导与影响

政府作为"看得见的手"，对产业链生态建设的成败具有决定性作用。政府可以通过制定产业规划、出台扶持政策、配置产业资源等方式，引导产业链生态中的生产企业向更加绿色、高效、可持续的方向发展。通过完善交通、能源、通信等基础设施建设，建立健全公共服务体系，降低企业的生产成本。同时，政府可以通过推动生产层、服务层的有效对接，提高整个产业链生态的竞争力，推动产业结构的优化升级。通过制定和执行相关法律法规，维护市场秩序和公平竞争，防止市场垄断和不正当竞争行为对产业链生态造成损害。政府还可以通过加强对外交流合作，推动产业链在更大范围内的优化配置，提高产业链生态的竞争力。

二、产业链生态演化的外部机制

（一）不同产业链生态间竞争的冲击

与产业链内部企业之间的竞争类似，不同产业链之间的竞争对产业链生态的冲击是多方面的。不同产业链生态之间，也存在生态位的重叠问题，将引起不同产业链生态围绕几类核心产品和技术开展市场竞争。例如，徐州和长沙围绕工程机械装备，株洲和青岛围绕轨道交通装备等，都存在明显的竞争行为。它们之间的竞争可能导致市场分割，推进企业不断推出新的产品和服务。面对产业链生态之间的竞争，除了企业自身的努力，政府和相关机构也要通过制定合适的政策和提供必要的支持来帮助提高圈层结构与功能的匹配度，从而增强产业链生态的稳定性。

（二）外部环境变化的影响

外部环境在生态系统中是不可或缺的部分，同样，土地、电力、人力、资金等资源也是产业链生态得以有效运转的基础，影响产业链生态的形成、运行和演化，也是政府部门进行产业链生态优化调整的重要抓手。随着一个产业链生态逐步发展成熟，土地资源会变得越来越稀缺，导致企业难以获得足够的土地用于生产和扩张，从而限制了产业链生态的发展空间。资源要素的稀缺还可能增加企业的成本负担，对企业未来进行再投资布局造成影响。

三、产业链生态在内外部因素共同作用下演进变化

（一）内外部因素的协同变化影响产业链生态的演进方向

产业链生态的演进方向受到内部因素和外部环境的共同影响，这些因素相互作用，共同决定了产业链生态的演进方向和速度。例如，当市场需求发生变化时，企业需要调整生产策略和产品创新方向，以适应市场需求的变化。同时，政府政策的调整也会对产业链生态的演进方向产生影响。当内部和外部因素发生协同变化时，即它们以一致的方向和速度变化时，产业链生态的演进会更为迅速和明显。反之，当内外部因素存在冲突或不一致时，产业链生态的演进可能会受到阻碍或变得复杂。

（二）圈层结构和功能的匹配度影响产业链生态的稳定性

产业链生态的稳定性与其圈层结构和功能的匹配度密切相关。如果圈层结构和功能能够相互匹配，那么产业链生态就会更加稳定。在一个完整的产业链生态中，生产层、服务层、调节层等各圈层之间需要形成良好的合作关系和互动方式。如果某一圈层出现问题，其他圈层必须能够及时做出调整，以保证整个产业链生态的稳定运行。同时，各圈层在产业链生态中所发挥的功能也需要相互匹配，避免出现功能冗余或缺失的情况。当圈层结构与功能不匹配时，可能会出现资源浪费、效率低下、沟通不畅等问题，造成产业链生态中的某些环节出现瓶颈或断裂，从而影响整个生态的稳定性。总之，只有保持内外部因素的协同变化和圈层结构与功能的良好匹配，才能推动产业链生态朝着更加稳定、健康的方向发展。

第三章
构建产业链生态的
典型模式

基于全球各国及我国地方产业链生态建设实践及产业链生态自身演化规律，产业链生态的构建存在筑巢引凤、龙头带动、串珠成链、多链融合、区域协同五种典型模式。基于各地产业发展基础、资源禀赋和所处阶段，构建模式也有所侧重。

第一节　筑巢引凤型

一、模式概况

筑巢引凤型是地方政府根据自身产业基础和发展需求，从政策、资金、人才、土地、基础设施、服务等方面入手，改善营商环境，吸引龙头企业落户，并以龙头企业为核心大力招引产业链上下游企业及相关配套机构，完善产业链生态。该模式的特点是"无中生有"，适用主体为某类产业链紧缺但对本地发展有重大意义的地区或承接产业转移的欠发达地区。

二、构建路径

（一）强化招商配套服务，吸引龙头企业落户

综合运用强化财政奖补、创新金融服务、完善土地和基础设施配套等方式，优化招商引资条件，吸引链主型龙头企业落户。在资金支持方面，除加大财政资金支持和税收优惠以外，运用贷款贴息、创新贷、设立产业基金及撬动社会资本投资等方式，为龙头企业项目落地生根注入资金"活水"。在土地配套方面，在条件允许的情况下通过创新用地指标、优惠土地价格等方式对龙头企业项目予以优先保障，支持企业灵活选取租赁、先租后让、弹性年期出让等新型供应方式取得用地，降低用地成本。在基础设施配套方面，完善公共技术服务平台及能源、通信、交通等基础设施配套，为企业经营创造良好的环境。

（二）围绕龙头企业建链、补链、强链、延链

围绕龙头企业发展需求，着力引进龙头企业的上下游关联项目，实施产业链建链、补链、强链、延链精准招商，加速集聚更多关联项目。一是以龙头企业项目为基础，进行辐射和延伸。针对链上的各个环节和产业要素配套筛选优质企业，通过资源共享、政策扶持、专项基金、技术共享等方式搭建产业生态，建立全新的产业链条。二是在具备一定的发展基础之上，分析现有产业链的缺失环节和短板环节，有选择地进行补充式招商。三是在产业链较为完善的基础上，面对价值链薄弱的高附加值环节，进行精准招商和培育，推动产业链价值链向高端攀升。四是在产业链相对成熟的基础上，推动产业链向上游研发及下游市场环节进行延伸，推动产业链进行跨界融合，促进产业多元化、精深化、高端化发展。

（三）优化企业全生命周期服务，促进产业链生态稳定向好

秉承"有求必应、无事不扰"的服务理念和"马上就办、办就办好"的工作作风，优化企业全生命周期服务，促进产业链生态稳定和可持续发展。一是紧扣企业不同发展阶段需求，围绕企业开办、企业准营、项目立项、规划许可、施工许可、竣工验收、不动产登记、企业变更、企业注销等事项，为其提供咨询、指导、协调、帮代办等服务。二是聚焦审批最少、流程最优、效率最高，打造企业综合服务线上线下"一站式"综合服务平台，为企业提供工商注册、人事社保、招商引资、金融服务、财税服务、法律服务、政策咨询等多元化、综合性服务。三是推行智能化、定制化、个性化的"一企一策""一事一议"等精细服务，结合企业个性需求和企业自身发展状况，量身定制不同的服务措施和发展对策。四是搭建政企交流平台和信息资源共享载体等，促进资源共享和需求对接，并充分融合企业诉求，开展投融资对接、项目申报辅导、企业培训等各项服务。

三、典型案例

（一）合肥新型显示产业链生态

近年来，合肥新型显示产业链实现从无到有、从小到大、从弱到强的快速发展，汇集了京东方、维信诺、视涯科技、康宁等 150 多家企业和近 4 万名产业人才，形成了涵盖上游装备、材料、器件，中游面板、模组，以及下游智能终端的完整产业链。2022 年，合肥新型显示产业产值高达 1088 亿元，综合实力位居我国各大城市前列，制造了全球约 7.8% 的显示面板。合肥新型显示产业取得的巨大成功得益于产业链生态的构建，合肥构建新型显示产业链生态的主要做法如下：

一是优化招商引资条件，招引链主型龙头企业落户。2008 年左右，合肥成为中国三大家用电器生产基地之一，在全国家电市场所占份额达到 20% 以上，但"缺屏"问题严重制约了合肥家电产业的进一步发展。为此，合肥从产业基础、产业链短板弱项、未来发展潜力等多方面考虑，开展顶层设计，并从资金、人才、基础设施等方面着力优化招商引资条件，促进新型显示产业链龙头企业落地。成功招引新型显示领域的龙头企业京东方是合肥新型显示产业发展的里程碑事件，合肥与京东方达成中国大陆首条高世代线项目薄膜晶体管液晶显示器件 6 代生产线项目合作。新建平板显示器件生产线所需投资巨大，金额高达百亿元以上，合肥利用国有资本以股权投资的形式带动大量社会资本投资，助力中国大陆首条高世代线项目成功落地。具体而言，合肥通过合肥鑫城和合肥蓝科投资有限公司向京东方进行了 30 亿元的国有资本股权投资，带动了 90 亿元来自其他地区的社会资本投资，使合肥京东方薄膜晶体管液晶显示器件 6 代生产线项目获取了充足资金，得以顺利推进。此外，合肥还承诺在地块配套条件、土地价格、能源供应、贷款贴息等方面为项目建设提供政策性支持。

二是围绕龙头企业，大力招引产业链上下游企业。合肥充分发挥龙头企业的带动作用，围绕产业链招引上下游企业，形成了上下联动、紧密协同的产业链生态。围绕京东方项目，合肥政府大力招引产业链上下游企业，逐渐在新型显示领域形成"从沙子到整机"的产业链布局，构建起了上下协同、紧密合作的产业链生态。合肥于 2009 年 8 月签约引进住友化学品项目，由世界 500 强企业日本住友化学株式会社投资设立住化电子材料科技（合肥）有限公司，为京东方配套生产化学品；于 2009 年同法国液化空气（中国）投资有限公司达成特种气体项目，在合肥建厂为京东方 6 代生产线提供载气、电子特气及相关设备和服务；于 2009 年 12 月开工建设总投资为 125 亿元的彩虹 TFT-LCD 液晶玻璃基板项目，为液晶显示面板供给重要组成部件；于 2010 年 2 月同深圳豪威科技（集团）有限公司签约达成 TFT 产业设备制造基地项目，进行 TFT 设备研发和生产，为新型显示生产线提供上游装备配套；等等。截至 2022 年 6 月，京东方所在的合肥新站高新技术产业开发区汇聚了 95 家新型显示产业链企业，通过中游面板带动上游材料、装备集聚配套，形成了响应迅速、具有竞争力的产业链条。

三是完善要素保障，不断优化产业链生态。合肥还通过完善基础设施建设、促进人才招引、优化企业服务等方式，不断优化新型显示产业链生态。在完善基础设施建设方面，2010 年 8 月，合肥京东方 TFT-LCD 6 代生产线项目临近试生产阶段，其周边的奎河路、涂山路、新汴河路建设基本完工，九顶山路、万罗山路、天水路竣工具备通车条件，为货物进出创造了更便利的交通条件，降低了企业运输成本。在促进人才招引方面，合肥在《关于进一步吸引优秀人才支持重点产业发展的若干政策》中提出，面向新型显示、集成电路、智能家电等 12 个重点产业，通过提供住房租赁补贴或免费人才公寓、首套自住房购房补贴、岗位补贴、企业引才补贴等方式，大力招引国内外高层次人才。在优化企业服务方面，大力推广省"四送一服"科创资源对接平台，进一步推进市场主体与科技创新要素有效融合对接；建设了市县两级"7×24"小时政务服务大厅，平均承诺事项办结时间压缩至 2 个工作日以内，平均申报材料减少到 2 个以下，网上可办率达 99.95%，线下"最多跑一次"事项达 100%；扎实开展"千名人社干部进企业""千名行长进万企""贴心服务助台企"等活动，全力帮助企业解决融资、土地、人才等要素需求问题。

（二）重庆电子信息产业链生态

2008 年以来，重庆紧抓全球电子信息产业重组的机遇，"筑巢引凤"承接产业转移，吸引惠普、戴尔、华硕、联想等品牌商及广达、英业达等配套企业陆续落户重庆。经过多年的发展，重庆围绕构建"芯屏器核网"产业链生态，形成覆盖计算机整机及配套、通信设备、集成电路、新型显示、汽车电子、智能家电、LED 及光伏、电子材料和新型元器件等"整零并举、软硬并重"的发展格局。2022 年，重庆电子信息制造业产值规模达 7356.3 亿元，建成智能终端 5000 亿元级产业集群，以及集成电路、新型显示、仪器仪表、智能家电等多个百亿元级产业集群。重庆构建电子信息产业链生态的主要做法如下：

一是优化交通、突破物流瓶颈，吸引龙头企业及配套企业落户。 十几年前，面对全球电子信息产业重组的机遇，重庆把目光瞄准了笔记本电脑产业，开始承接产业转移。为了吸引更多企业入渝，重庆在全国率先开建中欧班列，运输全程只需在重庆一次申报、一次查验、一次放行，国际贸易通关时间缩短 30%，企业综合成本下降 20%。笔记本电脑核心零部件——显示屏是中欧班列上的常客，重庆"渝新欧"班列覆盖 30 多个国家，帮助企业减少了供应链中断的风险。中欧班列为重庆拉来了一条电子信息产业链，惠普、戴尔、华硕、联想等品牌商陆续落户重庆，品牌商带动原始设备制造商和大量零部件企业陆续跟进发展，形成了"品牌+整机代工+零部件企业"环环相扣的完整产业链，为这些企业提供服务的物流、金融、检测等行业企业也随之集聚，重庆电子信息产业链生态渐成气候。

二是强化招商引资，推动电子信息产业链强链延链。 重庆利用加大电子信息产业招商引资力度、政策扶持等方式，持续推动构建"芯屏器核网"全产业链和"云联数算用"要素集群。围绕"芯屏器核网"全产业链布局，引入万国、华润微、三安意法、芯联、京东方、康宁、惠科金渝、联创电子、光域科技等头部企业，集聚了一大批知名品牌商、整机和配套企业。围绕"云联数算用"要素集群建设，聚焦工业软件、高端行业应用软件等重点方向，引进阿里巴巴、腾讯、华为等信息产业领军企业，并积极推动中移物联网、马上消费等企业开展工业互联网、区块链等关键核心技术攻关，产业链生态不断完善。

三是优化企业服务，保障产业链生态良性循环。重庆着力构建以企业为中心、以需求为导向、以政府各部门为支撑的企业全流程服务体系，全面推进"一网通办""一窗受理""并联办理"，实现企业办事"最多跑一次"，为企业营造服务更优、效率更高、门槛更低、成本更小、体验更好的办事和发展环境。构建全生命周期政策服务体系，落实国家政策组合拳、市级政策包要求，集合行业、招商、企业服务部门，形成科技奖励、人才激励、金融支持等政策箱，满足企业初创期、成长期、发展期政策需求。定向匹配土地、资金、人才等重点要素资源，保障重点项目稳步推进。推动产业链与金融链衔接，出台政策畅通银企对接渠道，通过基金等多种金融支持工具，着力解决融资难、融资贵问题。促进产业链与创新链融合，鼓励创新要素与市场主体联合联动，融合成为共生经济体。

第二节 龙头带动型

一、模式概况

龙头带动型是发挥龙头企业"超级节点"的作用，围绕龙头企业需求构建产业链及配套体系，充分发挥龙头企业资源配置、组织管理等能力，推动产业链上下游集聚，带动产业链生态构建。该模式的特点是龙头企业引领聚变，适用主体为区域内拥有行业领先的龙头企业，且龙头企业具有强号召力、牵引力和影响力的地区。

二、构建路径

（一）围绕龙头企业需求进行精准招商和布局

围绕龙头企业，定向招引与之配套的上下游企业，谋求协同发展，形成倍增效应。一是围绕龙头企业，细化梳理产业链图谱，靶向定位目标企业，针对产业链的重点发展领域、薄弱环节、供应链缺失环节重点招引，促进产业链延链补链强链。二是强化外出招商，加强项目考察，瞄准京津冀、长三角、粤港澳等先进地区企业，加强与行业协会、重点企业联合，开展"点对点"精准招商、上门招商与项目考察洽谈，重点引进一批前沿产业化配套项目，并定期对在谈重点项目进行实地考察，加强与项目方的沟通交流，有条不紊地推动重点项目引进落地。

（二）发挥龙头企业资源聚合和牵引带动作用

发挥链主型龙头企业虹吸效应，带动上下游产业集聚发展，借助链主的话语权和影响力有效引导资源优化配置，促进产业链生态聚合。一是发挥龙头企业产业链整合能力，利用龙头企业的资源、渠道、品牌、数据、技术、系统集成等优势，构建"业务共生、生态共建、利益共享"的产业共同体，提高产业链生态的根植性。二是发挥龙头企业的创新溢出效应，通过龙头企业带动配套企业协同创新，不断开放创新资源和生态，带动上下游企业技术创新。三是发挥龙头企业引领行业数字化转型的作用，运用物联网、5G、工业互联网、大数据、人工智能等新一代信息技术，开展网络协同制造、大规模柔性生产、远程运维服务等新模式，推动全产业链生产流程和设备数字化改造。

（三）完善要素配套助力重点项目落地实施

完善政策、资金、人才等要素配套，推动产业链上关键项目加快落地。

一是强化组织领导和政策支持，成立由主要政府领导为组长的指导小组，制定重点产业链专项扶持政策和工作机制，对重点项目审批、征地用地、水电气路网配套保障等提供强力支持。二是强化资金配套，用好"产业基金+重大项目专项基金"的组合拳，并推动银行机构结合重点产业链特点开发信贷、保险等金融产品，加大对产业链上重点项目的资金支持力度。三是强化人才支持力度，通过搭建多样化创新平台以及出台落户、购房、就业等优惠政策，加快汇聚行业高精尖人才和技能人才，激活高质量发展新动能。

三、典型案例

（一）宁德新能源电池产业链生态

宁德以宁德时代为龙头，招引新能源电池产业链上下游关联企业，推进关键产业链供应链企业就近配套，已形成覆盖核心材料、电池构件、智能制造装备三大类配套项目以及服务型制造等产业链延伸新业态的产业链生态，已发展成为全球最大的聚合物锂离子电池生产基地，在电化学储能领域先发优势突出，树立起了全球新能源电池产业版图的"宁德地标"。2022 年，宁德锂电新能源产业产值达 2758 亿元，产业规模领跑全球。宁德构建新能源电池产业链生态的主要做法如下：

一是围绕龙头企业需求补全产业链条。宁德相关政府部门主动对接龙头企业供应链需求，梳理当前产业链重点发展环节，深挖上下游薄弱环节和关键链点，大力实施"定点招商""精准招商"，吸引更多关键配套的"链核""链上"企业落户，进一步提升龙头企业就近配套率，从而提供更稳定的供应链体系。并会同第三方智库和龙头企业，从产业链各个环节逐项"查漏补缺"，分析缺失环节、梳理需求清单、确定补链重点、编制"产业地图"，可视化精准导航产业链关键项目落地建设、集聚发展。截至 2023 年底，共招引落地杉杉、厦钨、卓高、青美、天赐、思客琦等产业链企业 80 多家，形成"材料工艺—设备—电芯—模组—电池包—电池管理系统

（BMS）—电池回收拆解—材料循环再生"全产业链技术布局，有效保障产业链供应链安全稳定。

二是龙头企业牵引带动链上企业百花齐放。依托宁德时代等龙头企业的强大竞争力和牵引力，宁德构建起产业链供应链可持续发展的独特模式，形成"产销一体、互为市场"的良好格局。依托宁德时代与宁德新能源科技两大龙头企业的虹吸效应，宁德打造了锂电千亿元产业集群，累计引进 80 多家产业链配套企业，涵盖正极、负极、隔膜、电解液、铜箔、铝箔等关键主材以及智能制造、结构件延伸配套。这些配套企业在为自身发展开拓无限"蓝海"的同时，也让龙头企业大部分采购可就近实现，形成了上下游贯通、产业间协同、多业态融合的产业生态。

三是强化要素保障推动重点项目落地实施。宁德成立以市委、市政府主要领导为组长的锂电新能源产业发展指挥部，搭建扁平化管理机构，对项目审批、征地用地、水电气路网配套保障等工作实行"日报告、周协调、旬分析、月通报"，保障龙头项目如期建成投产达效。支持龙头企业组建创新联合体，高标准建设宁德时代 21C 创新实验室、省不锈钢产业创新中心等各类人才平台载体 400 多家，引进培育高层次人才 1.2 万多人、技能人才 4.2 万多人。加大重点项目资金支持，宁德约有 19 只产业基金为新兴产业发展注资，其中最具代表性的为宁德市新能源产业股权投资基金，该基金为宁德新能源产业的起飞提供了强有力的资金支持。同时，工商银行宁德分行聚焦锂电新能源产业核心企业及其上下游中小微企业融资需求，助力动力电池产业集群发展壮大。2022 年末，工商银行宁德分行对动力电池集群产业企业的表内外融资支持已超过 310 亿元。

（二）宁波石化产业链生态

国内七大石化产业基地之一的宁波石化产业基地落户在镇海，拥有规模以上工业企业 112 家，并形成了以中国石化镇海炼化为龙头的石化产业链。

在龙头效应影响下，宁波石化经济技术开发区稳居中国化工园区前三名的位置，荣膺首批国家新型工业化产业示范基地，产业链效益和区域环保成果处于国内同类化工区前列。其构建石化产业链生态的主要做法如下：

一是龙头带动、融通发展，打造产业链命运共同体。作为宁波石化经济技术开发区的龙头企业，镇海炼化发挥产业链链长优势和磁石效应，将 23 家合资合作企业、全资子公司与产业链上下游企业纳入一体化优化工程，积极打造技术最先进、能耗强度最低、资源最节约、竞争力最强的绿色石化全产业链命运共同体。通过管理一体化，促进发展最优化、效益最大化，引领园区企业共同发展，助力宁波石化经济技术开发区打造高科技产业和支柱产业集聚、生产与生态均衡发展的国家级一流石化产业基地。

二是畅通产品内循环，打造产业链生产共同体。镇海炼化拥有总长 460 多千米的 70 多条厂际输油管道，连接园区 20 多家企业，每年互供物料逾 800 万吨。其中，由镇海炼化提供丁二烯、碳九原料的恒河材料科技股份有限公司，已成长为国内品种最全、规模最大、质量最优的碳五、碳九石油树脂生产企业之一，其石油树脂产品获得"国家单项冠军产品"认定。据悉，镇海炼化每年拉动产业链下游产值达千亿元。依托镇海炼化，宁波石化经济技术开发区目前近九成的原料均可通过管廊在园区内找到，荣膺首批国家新型工业化产业示范基地。

三是创新引领，打造产业链创新联合体。以镇海炼化为牵头单位组建的宁波市绿色石化产业链创新联合体，聚焦洁净能源、绿色石化与先进材料领域内的前沿技术、关键共性技术进行攻关，推动研发供给、转移扩散和产业孵化。以环氧乙烷长输管线为例，由于采用了创新联合体的分布式光纤测温监控技术，实现了长输管线在盛夏高温时节，仍以-5℃平稳运输环氧乙烷，6 万多个测温点的数据实时传送至镇海炼化中控室，大幅提升了管输过程安全系数。

第三节 串珠成链型

一、模式概况

串珠成链型是培育一批在细分领域有竞争优势的"隐形冠军",形成点上突破;串联优质关键节点企业,形成线上协同;围绕关键产业链进行跨行业融合创新,形成面上拓展,打造协同联动、竞合共生、良性循环的生态体系。该模式的特点是注重关键资源衔接,点线面逐级突破、深度融合,适用主体为资源基础较好,企业分布较为分散、缺乏有效关联和整合的地区。

二、构建路径

(一)发展壮大产业链各节点优质企业

强化产业链招商和企业培育,培育一批产业链各环节中的优质企业,实现点上突破。一方面,梳理产业链重要节点发展需求,聚焦产业链关键领域、薄弱环节,用好"政府+链主企业+产业园"招商模式,不断补链强链。另一方面,加大对产业链重要节点本土企业的培育,通过强化政策、资金、人才扶持等,培育壮大产业链各环节中掌握关键核心技术、具有显著竞争优势的"明珠"企业。

(二)加强优质产业资源整合和串联

政府、企业和社会各界共同努力,通过优化区位布局、搭建合作交流平台、合力开发项目等方式,全域联动促进产业链各环节优质资源串联整合,实现线上协同。一是根据区域内的资源禀赋和产业基础,优化区位布局,促进产业链上下游企业集聚发展。二是鼓励企业通过共同投资、技术合作等方式,实现资源共享和优势互补,提高产业链的整体竞争力。三是建立产业链协同平台，实现企业信息共享、资源整合和业务协同，促进产业链各环节紧密结合和高效运转。

（三）推动产业链跨行业融合创新

促进产业链与关联产业链交叉融合，推动跨行业、跨场景融合创新，实现面上拓展。一是搭建基础型、创新型、服务型平台等跨行业服务平台，促进链上企业与关联行业企业实现基础设施共用、创新资源流通、服务资源共享。二是推动链上企业与关联行业企业之间加强合作，共同开发新产品和新技术，推动产业链跨界融合。三是以示范行动带动跨行业融合创新全面铺开，推动建设一批标杆示范项目，促进跨行业集成应用和融合创新，并以点带面促进跨行业深化应用、全面推广。

三、典型案例

（一）长沙工程机械产业链生态

工程机械产业是长沙的支柱产业，长沙工程机械产业链规模以上工业企业有 400 多家，汇聚了三一重工、中联重科、山河智能、铁建重工、星邦智能五家全球工程机械 50 强企业，已发展为世界第三大工程机械产业集聚地，其 12 大类、100 多个小类、近 500 个型号规格的主机产品，涵盖全国工程机械品种的 70%，总产值约占全国总量的 30%、约占全世界的 8%。2022 年，长沙工程机械产业链规模以上企业营收达 1123.5 亿元，连续 13 年居全国首位。长沙构建工程机械产业链生态的主要做法如下：

一是点上突破，产业链关键节点企业加强技术研发和标准制定。 长沙拥有三一重工、中联重科、山河智能、铁建重工、星邦智能五家全球工程机械 50 强企业及旗下多家配件企业，以龙头企业带动关键核心技术研发、标准制定，用"软"实力加速"硬"制造革新。2021 年 12 月，中联重科、三一重工、山河智能、铁建重工、星邦智能等 14 家工程机械主机企业和零配套企业、机构为股东，成立湖南国重智联工程机械研究院，联合攻关行业内"卡脖子"技术。此外，龙头企业加强合作，形成标准壁垒，再通过行业协会牵线，几家主机企业把各自配套企业的名单拿出来，制定相互认可的通用标准，促进产品规模化发展。

二是链上发力，促进产业链发展壮大和串联整合。长沙工程机械产业链被纳入湖南省重点培育的 20 条工业新兴优势产业链中，省委书记挂帅担任工程机械产业链链长。长沙聚焦工程机械产业链，组建产业链推进工作办公室，实施强链、补链、延链行动，从链条招商、项目建设、企业生产等方面全链条系统谋划工程机械产业发展。在链长制助力下，由链主企业牵头组建产业链上下游企业共同体，协同开展技术创新和产业化协作，产业链上下游融合更加紧密，工程机械产业链各主体由松散到紧密，产生聚焦效应、协同效应、放大效应。

三是面上融合，打造跨行业、跨区域开放生态。一方面，加强产业链上下游及关联产业之间的融合，包括主机厂、上下游、相关产业之间的融合。长沙部分工程机械企业与钢铁、石油等企业合作，共同开发适合不同应用场景的特种钢材、特种油料等原材料；融合应用信息技术、新材料等技术，推动产品的智能化、绿色化、个性化发展。另一方面，加强区域融合，长沙工程机械产业链初步形成了跨区域的开放生态系统，以长沙为龙头发展主机，以常德、娄底、岳阳、衡阳为辅配套发展零部件，同时面向全国开展合作和配套。

（二）潍坊智能制造产业链生态

潍坊拥有国民经济行业分类中全部 31 个制造业行业门类，71 种主导产品的市场占有率全球领先，先进制造业占全市 GDP 的比重达到 35.26%，拥有全球"灯塔工厂"潍柴动力、1 个国家先进制造业集群、1 个国家级智能制造优秀场景和 2 个国家智能制造示范工厂，共有国家级制造业"单项冠军"企业 19 家、省级制造业"单项冠军"企业 123 家。潍坊点线面融合构建智能制造产业链生态，不仅形成了大中小企业协同创新、产业链供应链互通互融的发展格局，也促进了潍坊先进制造业的整体提升。潍坊构建智能制造产业链生态的主要做法如下：

一是点上发力，注重制造业"单项冠军"企业及智能制造标杆企业培育。潍坊市委、市政府高度重视制造业"单项冠军"企业的培育提升工作，潍坊工信部门也主动谋划，实施精准定向服务，出台《潍坊市行业龙头企业群培育方案》《潍坊市"隐形冠军"企业群培育方案》，实施优质企业"育苗造林""千百十"等梯次培育计划，全面加强培育指导，为"单项冠军"企业快速成长和发展助力助跑，使潍坊"单项冠军"企业群走在了全省、全国前列。此外，潍坊工信局强化政策指导、资金支持、示范引领力度，加大智能制造标杆打造和应用示范推广，形成了一批较成熟、可复制、易推广的智能制造标杆示范企业。潍柴动力入选全球"灯塔工厂"，成为全球智能制造的领军者；潍柴动力高端国六重型发动机工厂、歌尔股份声学电子产品工厂被评为国家级智能制造示范工厂。

二是线上串联，构建智能制造生态体系。潍坊工信局沿线谋划、串点成链，积极构建涵盖"供应商—服务平台—系统解决方案—示范项目—智能工厂（数字化车间）—智能装备产品"的智能制造全产业链，全面打造企业梯次发展、产业链条完善、公共服务齐全、产用深度融合的智能制造生态体系。全市共组织认定了三元工业等 6 家智能制造系统解决方案供应商，滨投新锐1 家智能制造公共服务平台，康跃科技燃料电池用空压机等 11 个智能制造试点示范项目，豪迈机械等 23 家智能工厂，华全动力等 17 个数字化车间，晨宇电气高铁智能化节能型牵引变压器等 2 种智能装备产品。

三是面上开花，引领重点行业模式创新。潍坊在智能制造产业领域重点聚焦行业转型升级需要，围绕工厂、企业、产业链供应链构建智能制造系统，开展多场景、全链条、多层次应用示范。在行业细分领域，诸多重点企业聚焦智能制造发展模式创新，在离散型、流程型、网络协同、大规模个性化定制、远程运维等方面已取得了较快发展。其中，在汽车整车制造行业，通过引进工业机器人（焊接、喷涂、搬运）、数字加工中心等，北汽福田、山东凯马等企业快速实现离散型智造。在汽车零部件行业，通过应用数字化、自动化、先进分析、虚拟（增强）现实以及工业物联网等先进技术，潍柴动力打通了供应链、产品开发、计划、交付、客户连接、可持续等端对端价值链。在电子行业，通过自制成套智能流水线等，歌尔股份实现流程型智造。在造纸行业，通过在主要生产环节中大量使用温度、浓度、流量、游离度等传感器监控设备，晨鸣纸业实现了网络协同智造。通过不断提高智能制造全覆盖率，促进全市汽车、化工、轻工、纺织等行业发生深刻变革，潍坊有效推动了全市制造业高质量发展。

第四节 多链融合型

一、模式概况

多链融合型是将创新链、产业链、供应链、数据链、资金链、服务链、人才链等全面融通，促进信息流、技术流、人才流、资金流、物资流等高效流通，构建多链融合交织的产业链生态，各个环节有机衔接、循环流转。该模式的特点是链条之间相互融通、各要素畅通无阻，适用主体为产业成熟度较高、产学研用金等要素配套相对齐全的地区。

二、构建路径

（一）推动产业链与创新链深度融合

充分发挥科技创新驱动作用，加快推动产业链与创新链深度融合。一方面，围绕产业链部署创新链，以市场需求为导向，以产业痛点为突破口，以关键核心技术为攻坚点，以重大工程项目为牵引点，加快形成一批具有自主知识产权、核心竞争力和市场影响力的原创性、引领性、支撑性技术成果。

另一方面，围绕创新链布局产业链，强化科技创新对产业发展的引领作用以及从创新链到产业链的转化接力机制。以技术创新为引领，以产品开发为核心，以市场推广为目标，以加快将科技成果转化成生产力为重点，实现创新链驱动产业链布局和升级。

（二）围绕产业链和创新链完善资金链、人才链等相关链条

围绕创新链、产业链完善资金链、人才链等，疏通每个环节资金、人才进入产业链、创新链的渠道，提升资源要素在链条中的配置效率。一方面，构建覆盖创新链、产业链全过程的资金支持体系，包括政府投入、金融投资等多种形式，形成多层次、多渠道、多元化的资金供给模式。另一方面，围绕重点产业领域创新人才需求开展调研梳理，做好人才规划和人才计划，加强人才精准引进和全方位培养工作，实现人才开发与产业发展深度对接、融合聚变，促进产业链、创新链与人才链的耦合匹配和精准对接。

（三）营造多链融合的市场化、法治化、国际化创新生态

要以市场化为原则，以法治化为保障，以国际化为目标，打造有利于多链融合的创新生态环境。完善市场机制、竞争机制，激发市场主体的创新活力和参与热情，促进科技成果的转化和应用；健全服务机制和保障机制，建立服务产业链发展的"问题直通车、联络直通车、政策直通车"制度，优化营商环境，培育和壮大市场主体；优化创新政策体系，在普惠性政策保障的基础上，围绕重点产业链、重大功能平台及急需紧缺人才的发展需求创新"特色专项政策"，做到精准靶向施策；完善法律法规和制度规范，保护知识产权和合法权益，营造公平公正和透明清晰的创新环境；加强国际交流和合作，借鉴国际经验和做法，提升产业国际影响力和竞争力。

三、典型案例

（一）美国硅谷电子信息产业链生态

硅谷是美国乃至世界的科技创新中心，集聚了谷歌、苹果、英特尔、甲骨文、雅虎等高科技公司以及全球顶尖的创业者、工程师和投资者，成为全球科技行业的引擎。硅谷是电子工业和计算机业的王国，硅谷的计算机公司已经发展到约 1500 家，是世界高新技术创新和发展的中心，硅谷的风险投资占全美风险投资总额的三分之一。硅谷拥有完善的电子信息产业链生态，包含初创企业、大型科技公司、风险投资者、孵化器和研究机构等，其构建电子信息产业链生态的主要做法如下：

一是深度融合创新链、人才链、资金链、产业链等链条。 硅谷汇集了 85 所全球知名高校、12 所全球 200 强科研机构。硅谷高校鼓励教师、校友创业或到企业任职，每年从斯坦福大学走出 1000 余名创业家，创立 900 余家初创公司。高校教师、校友创业成功后，向学校捐款进一步发展教育科研企业，形成良性循环，源源不断地为硅谷输送创新型顶尖人才。硅谷良好的创新氛围吸引了全球范围内的顶尖人才，包括工程师、设计师、营销专家和企业家等各类人才到此集聚，这些人才的汇聚创造了跨学科的合作和创新。硅谷还是全球风险投资的中心，拥有全球最大、最成熟的风险投资市场。风险投资公司在这里不仅提供资金，还提供战略指导和网络支持，帮助企业成长。通过资本的流动和创新项目的孵化，产业链和创新链实现融合发展。

二是构建各主体紧密合作、相互促进的产学研用生态系统。 政府支持，学校、企业密切合作，鼓励创业创新和科研项目转化，形成对内对外的技术转化服务体系和产学研一体化生态体系。硅谷是产学研生态建设的典范，成为美国乃至世界的科技创新中心。根据《2021 硅谷指数》报告，硅谷人口310 万，人均年收入 15.2 万美元，专利数占美国整体的 13.1%，风险投资额占美国整体的 21.3%。硅谷的崛起并非简单依靠打造产业园区、孵化器或者设立技术转让办公室,而是以一流大学、一流科研人员与初创企业为核心主体,构建了一套各主体紧密合作、相互促进的产学研用生态系统。

三是营造开放创新、宽容失败的创新氛围。硅谷倡导开放创新模式,知识可以通过校企合作、企业联合研发等形式无边界地在各组织间流动。硅谷高度重视知识产权保护,针对窃取商业机密等的诉讼机制非常成熟,美国专利商标局硅谷分局定期举办知识产权保护系列讲座,加强对知识产权保护的宣传。硅谷对创业失败的容忍度很高,提供破产保护,这使得创业者更愿意冒险,无论创业成功与否,都可以从中积累丰富的创业经验,创业经验的积累使得硅谷孕育成功企业的概率大大增加。在这种文化氛围下,尽管硅谷约66%的风险投资加持的创业公司和95%的新产品面临失败,但整体而言,硅谷地区6000多家创业公司创造了超440亿美元的营收。

(二)上海生物医药产业链生态

上海是我国现代生物医药的发源地,集聚了罗氏制药、奈科明、美敦力、史克必成等1400余家生物医药创新主体以及100多个专业技术服务平台。上海通过产业链、创新链、资金链、人才链、政策链、空间链、服务链等多链协同,打造了完善的产业链生态,其生物医药产业不仅集制药、高端医疗器械、创新疫苗等多功能于一身,还有临床数据挖掘、产品展示、创新加速和风险投资整体布局,覆盖了从创新研发、临床转化、市场准入到产业出海的全生命周期。近年来,上海生物医药产业快速增长,2022年上海生物医药产业规模高达8537亿元。上海构建生物医药产业链生态的主要做法如下:

一是市、区两级政策叠加互促,推动生物医药产业发展。近年来,围绕创新策源、重点区域发展、生态环境建设和龙头企业打造,上海先后出台多层次产业政策,并在市级政策基础上,累计推出了近20项区级支持政策,形成了市级和区级政策体系的叠加互促。在政策创新上,上海鼓励合同委托研发生产新模式,对受托企业给予交易合同20%、最高500万元的资金支持;

加强对生物医药领域核心技术攻关及重大产品产业化支持，最高按新增投资的 30%、最高 1500 万元予以支持；量身定制生物医药产业发展金融产品包，支持优质企业科创板上市融资等。

二是产业链和创新链深度融合，提升产业链竞争力。上海拥有同步辐射光源、国家蛋白质科学设施等大科学装置集群，以及一批国家实验室、国家医学中心、国家部委重点实验室和生物医药技术创新平台，同时布局有长三角国家技术创新中心、上海市高端医疗装备创新中心、上海市生物医药技术功能型平台、上海市重大传染病和生物安全研究院等生物医药技术创新平台，支撑全生命周期生物医药创新研发。上海深入实施生物医药产业"张江研发+上海制造"行动，探索出"张江研发+浦东转化""张江研发+外区转化""张江外溢+回流上海""张江试水+本市扩张"四种模式，推动生物医药创新链和产业链本土化协同，实现了从研发、临床试验、制造到销售应用的生物医药全产业链发展。

三是完善资金链、人才链、空间链、服务链，营造"热带雨林"般的产业链生态。资金链方面，上海积极发挥国际金融中心建设和科创板制度优势，强化金融支撑作用，赋能生物医药产业发展，全市生物医药融资规模和科创板上市企业数量均居全国第一。人才链方面，上海以大科学设施、高能级产业、开放型载体，汇聚和成就一流人才，上海生物医药产业从业人员 27.8 万人，国家级人才 1000 名以上，生物医药领域的院士、长江学者等高水平人才占全国的 1/5，产业人才占全国的 1/4。空间链方面，上海积极适配发展空间，通过拓增量、挖存量等方式，做到"好项目不缺土地、好产业不缺空间"，努力实现生物医药产业"墙内开花墙内香"。服务链方面，在企业发展的不同时期发挥孵化器、助推器作用，提供实验室、设备仪器等平台资源及市场准入、成果转化、产品出海等各类服务，为生物医药企业提供企业全生命周期服务。

第五节 区域协同型

一、模式概况

区域协同型是在完善本土产业链生态的同时加强跨区域产业链互补协作，充分用好国内国际两个市场、两种资源，实现资源共享、优势互补、合作互惠，放大组合效应，提升产业链供应链韧性和安全水平。该模式的特点是强调区域分工与协作，充分利用对方优势资源促进高质量发展，适用主体为国家重大战略涉及地区、战略性新兴产业重点发展区域及参与国内外重点产业链分工的地区。

二、构建路径

（一）深化国内区域间产业错位发展、优势互补

国内各地区结合自身资源禀赋条件和历史发展路径，发挥自身比较优势，专注于产业链某个领域、某个环节，锻造属于本地区的长板，共同构成优势互补的发展格局。一方面，加强对产业链的整体统筹和规划，根据各地区资源禀赋和特色优势，进行产业链规划和设计，确定产业链的主导环节和配套环节，明确各地区在产业链中的分工和合作模式，避免重复建设和内卷式竞争。另一方面，引导各地区发挥比较优势，通过建立产业合作园区、企业项目合作等方式进行产业链合作，对产业链合作的重点项目给予政策扶持、资金支持、税收优惠，同时加强对产业链合作的监管和协调，确保合作项目顺利进行。

（二）加强与海外产业链生态关联要素链接共享

从全球视野布局产业链生态，充分利用两个市场、两种资源，通过"合

作共生"实现双赢。一是根据全球市场的需求和自身的企业实际情况，优化全球产业链供应链布局，包括原材料采购、生产制造、物流配送等方面，提高生产效率、降低成本、增强竞争力。二是加强与海外产业链相关方的技术合作，共同研发新技术、新产品，提高产业链的技术水平和创新能力。三是推动与海外产业链相关方统一标准体系，推动标准互认和对接，促进商品和服务在全球市场的流通和销售。四是加强与海外产业链相关方的投资合作，通过共同投资建设跨境产业园、海外项目及设立合资企业等，深化双方合作，实现互利共赢。

（三）推动产业链关键环节的技术攻关和多元化布局

面对全球地缘政治风险，推动产业链关键环节在海外多元化布局，同时加强国内"卡脖子"技术攻关，提升产业链韧性和安全水平。一方面，针对部分领域产业链供应链核心基础零部件、关键技术和设备、关键基础材料过度依赖进口的情况，推动此领域的产业链供应链关键环节在海外多元化布局，最大限度避免因地缘政治影响带来的断链问题。另一方面，引导产业链关键环节留在国内，并加强国内产业链关键环节"卡脖子"技术研发，与国际领先供应商建立密切合作，多路径推动技术突破。

三、典型案例

（一）苹果公司全球产业链生态

苹果公司是全球最大的科技企业和全球最主要的手机供应商之一，业务范围包括设计、制造和销售移动通信设备、媒体设备、个人电脑和便携式数字音乐播放器，并且销售各种相关的软件、服务、配件、网络解决方案和第三方数字内容及应用程序。苹果公司的产业链体系包括手机设计、关键芯片研制、核心零部件生产、其他零部件供应、产品组装五个部分。2022 年，苹果公司在全球智能手机市场的出货量（2.26 亿部）、收入和营业利润份额分别达 19%、48%和 85%。苹果公司与全球 14 个国家和地区的 200 多家企业开展供应链产业链合作，在全球拥有 500 多家旗舰店，其构建产业链生态的主要做法如下：

一是充分利用各地比较优势，在全球范围内构建产业链体系。苹果公司充分利用全球各地的人力、技术、产业等方面的比较优势进行国际化分工，把附加值高的研发设计和品牌运作环节留在美国国内，将产品设计、芯片开发、软件开发、产品管理、市场营销和其他产业链高价值环节集中在美国总部或附近；将中间附加值低的生产制造全部外包，日本承担 iPhone 关键零部件的生产，韩国承包显示屏和核心芯片的制造，中国台湾的供应商负责一部分零部件的生产，中国大陆及越南、印度等东南亚国家完成最后的组装环节。苹果公司与全球供应商建立了紧密的合作伙伴关系，从原材料采购到组装生产，实现了对整个产业链的有效掌控，通过全球化分工合作快速响应市场需求、降低成本、提高效率，从而保持其在全球市场的领先地位。

二是通过产品主义叠加革命性生态系统，构筑"护城河"。苹果公司打造了一个封闭的生态系统 iOS，应用于 iPhone、iPad、iMac 等所有品类的产品中，为自己构筑了强大的"护城河"。苹果生态系统以硬件、操作系统、应用程序和应用服务等产业链上下游共同构成。苹果公司通过 iTunes、App Store 等平台，吸引了大量的第三方开发者，为用户提供了丰富多样的应用程序和服务。在苹果的生态系统中，用户和应用程序相互促进，用户越多，网络效应就越大，就会吸引更多优质的开发者，开发出更多、更好的应用程序，同时反过来，应用程序越丰富、质量越高，就会吸引更多的用户，实现边际效应递增。庞大的生态系统，能够提供完整的用户体验，提高用户转换率，不仅增加了用户黏性，还创造了新的商业机会，促进了苹果公司利润稳定增长。

三是在全球范围内搭建标准化销售和服务网络，保证用户体验全球一致。苹果在全球范围内拥有超过 500 家旗舰店，提供产品展示、试用、咨询、定制、售后等服务。所有国家的苹果旗舰店都是由美国总部直接管理的，不仅设计施工、陈设布置、产品发布节奏、销售服务内容高度一致，甚至夸张到每一块装修用的木头和石材都必须从美国空运到当地，为的是保持用户体验的全球一致性。所有国家的苹果员工都经过统一培训，培训内容包括企业文化、产品知识、服务技能等，以确保员工提供一致、高质量的服务，确保客户获得良好的购物体验。

（二）珠三角新能源汽车产业链生态

珠三角地区新能源汽车发展拥有得天独厚的优势，既有传统汽车产业的制造基础，又有人工智能、通信科技等新兴产业的优势，还拥有粤港澳大湾区的人才优势。目前，珠三角地区已形成广州、深圳双核引领，带动辐射周边地区的新能源汽车发展格局，产业链覆盖研发设计、原材料供应、零部件制造、整车制造、汽车服务等环节。2022年，广东省新能源汽车产量达129.73万辆，同比增长142%，占全国总产量约18%。珠三角地区构建新能源汽车产业链生态的主要做法如下：

一是广深双核引领，带动区域新能源汽车产业协同发展。 广州和深圳新能源汽车产业链企业数量占广东全省相关企业数量的60%，新能源汽车全产业链体系较为完善，一批龙头企业如比亚迪、小鹏、广汽埃安、星美新能源等在此集聚发展，形成区域新能源汽车发展的核心集聚区。东莞、中山、惠州、肇庆、梅州等其他城市围绕广深两地新能源汽车产业链发展需求，加快新能源汽车产业链企业引培，推动配套关键零部件和新材料项目落地实施。当前，珠三角地区不同城市根据各自比较优势进行差异化分工协作，贯穿电池、零部件、整车、汽车后市场等长链条，具有区域特色的新能源汽车产业链生态得以逐步形成。

二是优质资源整合，共促区域新能源汽车产业高质量发展。 成立珠三角湾区智能网联新能源汽车产业联盟，会员单位涵盖全国知名的广东汽车产业链领军企业和独角兽企业，如广汽集团、比亚迪、东风日产、小鹏、华为、腾讯、百度、滴滴、科大讯飞等，充分发挥联盟中领军企业和独角兽企业独有的资源优势，构建珠三角湾区智能网联新能源汽车产业生态圈。成立广东省大湾区新能源汽车产业技术创新联盟，成员单位涵盖区域内新能源汽车领域及产业链上中下游相关的企业、高校、科研院所、事业单位以及知识产权服务机构等各类主体，构建产学研深度融合的创新联合体，打造支撑产业高质量发展的科技平台和高端智库。

三是产业链生态由"链式关系"向"网状生态"转变。 新能源汽车不仅是交通工具，而且逐渐演变成万物互联的智能终端。得益于龙头整车企业、全栈自动驾驶企业初创团队、产业链供应链体系的发力，以及众多研发机构的支撑，珠三角地区新能源汽车产业改变传统的"链式"供应关系，逐渐向开放融合的"网状"生态转变，加快与人工智能、信息通信、能源、交通等领域跨界融合，从硬件芯片到软件操作系统开发，再到数据算力、信息安全建设，新能源汽车产业边界进一步突破和重构，生态化融合协同加速，各领域相互之间织网交汇、融合创新，产生 1+1 > 2 的新局面。

以上五种模式并非独立运行，各地区不同发展阶段在产业链生态构建过程中运用的模式虽各有所侧重，但往往表现为多种模式并行使用。

第四章
构建产业链生态的
战略路径

　　为适应愈发激烈的产业链竞争，全面推动我国产业链实现对外大国博弈突围和对内加速转型升级，需要从企业群落、创新脉络、绿色制造、智慧生产、优质要素五方面着力，构建主体力量强大、圈层高效互联、系统持续演进的产业链生态，以有力保障我国经济行稳致远。

第一节　构建主题鲜明、协作紧密的企业群落

　　一个强大的产业链生态需要由实力强劲的企业群体支撑构建。我国要通过做大做强企业、促进上下游协作、打造重点产业集群，由点及线到面地提升企业群体竞争力。

一、支持企业做大做强

（一）培育具有生态主导力的链主企业

　　链主企业在产业链上具有重要核心地位，其通过掌握关键技术和核心产品、占据终端应用市场、制定行业标准等方式，影响产业链发展方向和上下游企业决策，对产业链生态的塑造具有重要影响力。我国企业竞争力不断提升，但具有生态影响力和主导力的链主企业数量有限。2023年，我国有142家企业位列《财富》世界500强榜单，数量超过美国的136家，位居全球首位。但在企业利润、科技前沿领域竞争力等方面，我国企业与美国企业仍存在明显差距。具体地，我国上榜企业的平均利润为39.57亿美元、营业收入平均利润率为4.78%，低于世界500强企业57.95亿美元的平均利润和7.07%的营业收入平均利润率，更远低于美国上榜企业80.02亿美元的平均利润和8.35%的营业收入平均利润率，反映出我国链主企业的竞争力还有待提升。

　　对于潜在链主企业，支持企业开展兼并重组、实施技术改造、强化研发创新、加强产业链整合等活动，促进企业做大做强做优，提高企业对产业链生态的影响力。对于已有链主企业，要以项目建设为抓手，按照"一个企业

一套办法"的工作思路，针对性地为企业解决面临的问题，促使链主企业相关项目切实落地，进而围绕链主企业吸引相关配套企业，逐渐构筑起产业链生态的生产层。鼓励链主企业融入全球生产网络，通过参与国际标准制修订、积极开拓国际市场等方式，提高对全球产业链的影响力，增强国际竞争力。建立链主企业库，根据企业规模效益、科技创新能力、对产业链发展的带动作用等情况，动态更新企业库名单，在用地、能耗等方面给予企业相关支持。同时，要健全市场准入、公平竞争审查、反不正当竞争等体制机制，避免链主企业凭借其优势地位挤压中小企业发展空间。

（二）壮大中小企业队伍

我国中小微企业数量在 2022 年底已超 5200 万户，占全国企业数量的90%以上，是产业链生态的主体，拉动着经济发展，提供大量就业岗位保障着社会稳定。一是要扩充中小企业数量和规模。推动众创空间、孵化器、加速器、产业园等创新创业载体发展，鼓励各类创新创业载体向有潜力的大学生、科研人员等开放一定资源，降低其创新创业成本。各地通过落实小微企业所得税优惠、企业研发费用加计扣除、规上企业奖励等政策，推动开展个转企（个体工商户转型为企业）、小升规（小微企业升级为规模以上企业）、规改股（规模以上企业改制为股份制企业）、股上市（股份制企业上市）等工作，促进中小企业持续做大做强。二是要培育更多专精特新中小企业。鼓励中小企业深耕细分领域、加大研发创新，支持有条件的企业揭榜重大科技攻关项目、建立研发中心，推动中小企业专业化、精细化、特色化、新颖化发展。建立企业梯度培育体系，为创新型中小企业、专精特新中小企业、专精特新"小巨人"企业等不同发展阶段的企业提供针对性政策，推动各类企业不断提高创新能力和市场竞争力。三是要完善中小企业公共服务体系。落实《中华人民共和国中小企业促进法》《保障中小企业款项支付条例》等法律法规，为中小企业塑造良好的市场化、法治化、国际化营商环境。支持中小企业公共服务机构发展，为企业提供政策解读、信息咨询等服务。

二、促进上下游企业紧密协作

（一）鼓励组建产业联盟

产业联盟是企业间建立起的一种相互协作、优势互补的合作模式，有利于整合资源、优化配置、降低风险与成本，在研发创新、标准制定、市场开拓等方面形成推进合力。鼓励龙头企业联合上下游企业组建产业技术创新战略联盟、技术标准联盟、产业链联盟等多种类型产业联盟，充分发挥各企业的优势力量，促进大中小企业融通发展、紧密协作。支持联盟内企业聚焦关键共性技术开展协同攻关，共建检验检测、中试等公共技术服务平台，开放共享科学仪器、实验设施等创新资源。鼓励企业依托产业联盟在信息共享、创新成果、市场开拓、优秀实践等方面开展交流合作，增进上下游企业、大企业与中小企业间的相互了解，推动企业间达成更多深入合作。支持产业联盟加强标准体系建设，协同推进团体标准的立项、研讨、编制、论证、出台与修订等工作，积极参与行业标准、国家标准和国际标准的制修订，推动全产业链持续提高生产效率和技术水平。支持产业联盟不断做大做强，跨区域引进特色优质企业，持续提升产业联盟的影响力。

（二）支持建设上下游供需对接平台

一是建立供需对接公共服务平台。由政府牵头建立产业链上下游供需对接公共服务平台，合理设置企业需求、企业供给、对接活动、政府采购公告等网页栏目，及时更新相关信息，为企业提供产品和服务供需信息发布、查询获取、线上初步洽谈交流的可靠渠道。通过宣传推广、开展平台使用培训等方式，吸引更多企业注册使用平台，提高平台服务效能。二是编制重点企业需求目录和优质产品推介目录。面向链主企业、高新技术企业、专精特新中小企业、新锐企业等多类主体，征集其所需采购的原材料、中间品等产品信息，包括产品类别、需达到的标准质量相关要求等内容，编制成重点企业需求目录；征集其所生产制造的优质产品，包括产品名称、获得的标准质量认证情况、产品特点和性能等内容，编制成优质产品推介目录。定期更新、广泛发布需求目录和产品推介目录，促进产业链上下游供需对接。三是开展产业链上下游供需对接活动。由政府牵头、行业协会和龙头企业引领带动，围绕各地重点发展的产业链，聚焦新能源汽车、智能装备制造等生产环节多、覆盖范围广、经济带动作用强的重点产业链，组织开展推介会、展览会、交流会、观摩会等形式多样、内容丰富的产业链上下游供需对接活动，便利上下游企业沟通交流、深入合作。鼓励有条件的企业积极参与进出口商品博览会、所在行业的国际知名展会等活动，强化产业链国际合作。

三、打造重点产业集群

（一）抓好特色产业

一个地方所具备的资源禀赋和产业承载能力有限，若着力发展的产业种类过多，则易出现各产业所获发展资源有限、发展程度相对浅显等问题，整体呈现资源配置效率和经济效益低下、各地重复建设严重的情况。因此，各地在打造产业集群时需引导资源聚焦于有限数量的重点领域，满足产业集聚发展对要素资源的需求。其中，各地应因地制宜，围绕特色产业打造重点集群。习近平总书记于 2021 年 6 月在青海省西宁市考察调研时强调："推动高质量发展，要善于抓最具特色的产业、最具活力的企业，以特色产业培育优质企业，以企业发展带动产业提升。"[①]特色产业具有明显的区域性和独特性，依托地域资源优势、区位优势、文化传承等有利条件，地方更容易在特色产业领域形成比较优势，且较难被其他地区模仿复制。要完善特色产品相关标准体系和监管制度，保障产品质量与地区特色，推动特色产业品牌建设。加大地理标志培育和保护力度，鼓励地区特色产品申请地理标志产品保护，提

---

① 《习近平在青海考察时强调 坚持以人民为中心深化改革开放 深入推进青藏高原生态保护和高质量发展》，《人民日报》2021 年 6 月 10 日。

高特色产品的标识度和认知度，将特色产品打造为地域名片。要围绕特色产业向上下游延伸产业链条，提高特色产业的附加值及其对区域经济的带动作用。例如，若一地因气候、土壤等优势而适宜种植特定中药材，则可围绕该药材向上游拓展研发环节，研制新药物，丰富产品种类；向下游延伸医药加工制造环节，就地生产使用该药材的药物。随着链条的持续延伸壮大，上下游企业逐渐集聚，形成发展合力，构成具有竞争力的特色产业集群。

专栏：成都聚焦有限对象推动产业发展

　　成都动态调整产业生态圈建设目标，将资源聚焦于有限重点对象，避免多点涉及、发展不够深入。成都以产业生态圈建设为引领，推动各区域错位协同发展，在 2019 年形成了"16+1"的产业生态圈布局规划，涉及电子信息、航空航天、先进材料、绿色智能网联汽车、智能制造、医药健康、轨道交通、会展经济、文化创意、电子商务、现代金融、旅游运动、现代物流、现代商贸、绿色食品、都市现代农业等领域，覆盖了一、二、三产业。随后，综合考虑到对接全国和四川省产业发展规划、支撑构建成都市现代化开放型产业体系的现实需要，以及新一轮科技革命和产业变革的变化趋势、成都市现有产业基础及产业功能区建设状况等因素，成都不断缩减产业生态圈数量。在 2020 年，成都将产业生态圈数量缩减为 14 个，将关联性较强的文化创意产业生态圈与旅游运动产业生态圈合并为文旅（运动）产业生态圈，同时，把电子商务产业生态圈并入现代商贸产业生态圈，减少交叉重复。① 在 2021 年，成都将产业生态圈数量再度缩减为 12 个，将智能制造产业生态圈细分为数字经济、人工智能两个产业生态圈，把会展经济、现代金融、现代物流、文旅（运动）、现代商贸五个产业生态圈整合为先进生产性服务业、新消费两个产业生态圈，将绿色食

---

① 《成都优化调整产业功能区名录　产业生态圈数量调整为 14 个》，成都市发展和改革委员会网站，2020 年 3 月 4 日。

品、都市现代农业产业生态圈合二为一，并结合 2020 年 9 月我国所做出的碳达峰碳中和重大战略决策，新建立碳中和产业生态圈。[①]在 2023 年，成都将产业生态圈数量进一步缩减为 8 个，具体类别为电子信息、数字经济、航空航天、现代交通、绿色低碳、大健康、新消费、现代农业。随着对产业生态圈的拆分、整合，成都进一步理清产业发展方向，优化产业空间布局，推动重点产业高质量发展。

（二）高质量建设产业园区

产业园区是产业集群的重要载体，要推动产业高质量发展、培育壮大产业集群，需以经济效益好、营商环境优的产业园区为重要依托。一是要引导园区产业合理布局，突出园区的产业特色。产业园区需明确发展目标和方向，结合园区产业发展基础、所在地区的产业发展规划和国家对产业发展的谋篇布局等情况，编制园区产业发展规划，合理确立有限数量的主导产业，并围绕主导产业精准高效地推进招商引资工作，引进和培育产业链上下游企业及相关配套服务机构，充分发挥产业集聚所产生的规模经济、低协调成本、低运输成本等益处。二是要完善园区相关基础设施建设，为企业创造良好生产环境。持续完善园区道路交通、供电、供水、供气等传统基础设施建设，保障企业生产活动；不断推进 5G 通信、工业互联网、大数据中心等新型基础设施建设，为智慧园区建设和企业数字化改造奠定基础；改进优化工业废水集中处理、危险废物处理、固体废物处置等环保基础设施，为绿色园区建设创造条件；完善园区及周边保障性租赁住房、学校、医院、商超等生活服务设施建设，为园区工作人员创造宜居环境，提高对人才的吸引力。三是要提升产业园区专业化能力，提高对企服务水平。推动园区管委会与专业运营公司开展协同分工合作，其中，园区管委会主要负责明确园区战略定位、研究制定产业政策、统筹协调管理区内项目、提供公共服务、监测统计分析产业

---

① 《"突出创新驱动 强化功能支撑 以产业生态圈引领产业功能区高质量发展"新闻发布会》，成都市人民政府网站，2021 年 8 月 19 日。

发展情况、组织实施园区建设相关任务考核等工作，专业运营公司主要承担园区开发、生态建设、招商引资、资本运作、综合服务等工作，推动有效市场和有为政府相结合，提高产业园区运转效率。同时，要创新园区管理体制机制，增强园区管委会的统筹协调能力，优化各项事务流程，创造便利的营商环境。

专栏：成都双流区推行"局区合一"体制改革，
提升产业功能区管委会的统筹协调能力

成都双流区自 2019 年起推行"局区合一"体制改革，通过将区发展和改革局、区新经济和科技局等与产业功能区关联度最高的主体局同产业功能区管委会合署办公，成员交叉任职；将区行政审批局、区规划和自然资源局、区生态环境局等与产业功能区发展要素保障紧密联系的职能局的相关服务派驻功能区；推动区国资金融局、区人社局等事项局为产业功能区提供服务，促进要素资源向产业功能区集聚等方式，双流区搭建起"主体局办公合署功能区、职能局机构派驻功能区、事项局服务延伸功能区"的机制架构，解决了政务资源分散、区级部门与产业功能区管委会权责不清、服务企业效率低等问题。通过"局区合一"体制改革，企业相关事务可在产业功能区就近一次性办理，大幅缩减了各项行政流程所需时间成本。在 2020 年，双流区一般性企业开办时间由改革前的 20 天压减至 0.5天，耗时减少了 97.5%；建设项目开工前审批时间从改革前的 197 天压减至 60 天，效率提升了 69.5%。①

第二节　搭建体系完整、协同高效的创新脉络

创新是产业链生态不断演进发展的动力，我国要从创新主体、创新机制、转化渠道三方面完善创新脉络，提升自主创新能力。

---

① 《成都双流区推进机构改革，为产业功能区赋能》，《人民日报》2020 年 4 月 10 日。

一、强化企业创新主体地位

（一）鼓励企业加大研发投入

一方面，要用好财税激励政策。研发创新投入高、周期长、见效慢，常难以在短期内迅速为企业创造收入，导致企业持续性推进研发创新的意愿有限。要切实落地企业研发费用加计扣除、高新技术企业所得税减免、企业新购进研发专用仪器设备加速折旧或缩短折旧年限、企业投入基础研究税收优惠、先进制造企业增值税加计抵减等各项税收优惠政策，降低企业研发创新成本。鼓励有条件的地区对首次认定为科技型中小企业和高新技术企业的单位、获得各级科技成果奖项的企业、突破产业发展关键技术的企业等予以资金奖励和宣传推广，对研发投入金额大、强度高的企业在上地、能耗等指标上予以一定倾斜和保障，不断激发企业研发创新动力。另一方面，要完善研发创新容错机制。研发创新具有较高风险，最终成果是在一次次失败的基础上不断改进而成的，尤其是在前沿技术领域，由于尚无成功案例可借鉴模仿，无人明确知道正确的方向与道路，每一次的研发创新都是一次探索，要通过完善的研发创新容错机制让企业敢创新、愿创新。在政府重大科技项目、国有企业自主投入研发或参与产学研合作的重要技术项目等领域，经过多方严谨评议后，可对已承担谨慎、注意、审核、合理判断等勤勉尽责义务，但确因技术路线存在重大不确定性、突发市场风险影响等缘故而未能获取预期研发成果的企业，不追究其失败责任，宽容失败、鼓励企业勇于开展研发创新活动。

（二）支持企业建立研发机构

鼓励企业围绕其长期发展战略、所处行业技术发展趋势等需要，组建工程研究中心、企业技术中心、重点实验室等类型的研发机构，建立起稳定的科研团队，稳步推进技术研发、产品创新、成果转化推广等活动，使研发创新成为企业的常态化工作任务。支持有条件的企业开展基础研究、申请承担政府重大科技项目、积极揭榜技术攻关项目等。通过设定承担科研项目的企业需具备良好科研条件和稳定科研团队等要求，推动企业设立研发机构。支持企业以市级、省级、国家级重点研发机构为建设目标，推动企业研发机构发展壮大、科研业绩持续提升。鼓励龙头企业联合上下游企业共建研发中心，开展基础材料、基础零部件元器件、工业基础软件等方面的共性技术协同攻关，充分发挥大企业在资金、技术、市场、人才等方面的优势，同富有创新活力与潜力但资金实力有限、创新根基较浅的科技型中小企业形成互补，激发各类企业创新活力。

（三）完善企业创新服务体系

一是强化金融对企业科技创新的服务能力。落实创业投资企业和天使投资个人投资初创科技型企业的税收优惠政策，推动制造业中长期贷款、设备更新改造专项再贷款等政策工具向高新技术企业和科技型中小企业倾斜，鼓励有条件的地区通过组建科创基金、提供创业担保贷款贴息和科技保险补贴、设立科技创新专项再贷款再贴现等方式，加大对科技创新企业的融资支持力度，并引导社会资本投资早期项目、小微企业和硬科技领域。鼓励金融机构在风险可控、商业可持续的前提下，结合科技型企业融资需求、经营情况、企业发展阶段等信息，创新金融产品，优化供应链金融、知识产权质押融资等服务。二是提高知识产权保护水平。加快完善商业秘密保护、地理标志产品保护、数据知识产权保护、著作权法实施、集体商标和证明商标管理、新领域新业态的知识产权保护等相关规定、条例和管理办法，健全知识产权保护规则体系。加快知识产权保护中心布局建设，提升快速审查、快速确权、快速授权、快速维权、快速保护等服务能力，提升知识产权跨区域跨部门协同保护质效。三是推动创新资源向企业开放。以授权为基础、市场化方式运营为核心，建立合理的运行管理和收入分配机制，鼓励有条件的高校、科研院所、国有企业、龙头企业等向社会开放共享大型科研仪器设备，提高仪器设备的使用效率。完善科技资源共享服务体系，持续整合、优化、调整国家科技资源共享服务平台，推动国家科研平台、科技报告、科研数据进一步向企业开放。四是强化政务服务。鼓励各地区汇编国家层面和省市层面的科技创新支持政策，常态化更新并通过政府网站、公众号等渠道向广大企业推送，提高企业对政策的了解度和使用率。优化技术进出口管理、研发用物资通关、海外高端人才在华工作许可等各项流程，用好国际创新资源。

二、促进产学研紧密结合

（一）支持校企共建研发中心

在研发创新方面，高等院校擅长理论创新和基础创新，在技术可行性研究、技术开发等方面具有相对优势，企业则更擅长应用创新，在确定关键技术卡点、开展商业可行性研究、进行产品验证和商业应用等方面更具优势，这种互补性使高等院校与企业具有共建研发中心、开展联合研究的意愿。通过国家、省、市各级科研项目引导，创新利益共享、风险共担的技术研发合作模式等方式，鼓励企业牵头联合高等院校、科研院所组建研发中心，聚焦具体研究任务和重大科研项目，开展共性关键核心技术、关键零部件、关键材料等领域协作攻关，推动创新联合体整合跨领域、跨学科、跨区域的科研资源，实现优势互补、高效运转。此外，基础研究是产业发展和兴盛的根本源泉，随着国际科技竞争和产业竞争愈发激烈，各领域龙头企业也愈加提高对基础研究的重视，较以往存在更强的意愿和动力开展基础研究，如华为每年在基础研究方面投入 30 亿～50 亿美元，美的创始人何享健先生出资 30 亿元成立何享健科学基金以支持具有原创性、前沿性的基础研究等[①]，这使高等院校和企业在基础研究领域开展合作的可能性得到提升。要鼓励企业和高等院校、科研院所开展基础研究合作，形成长期稳定的合作机制。

----

① 《这个"全国第一"，广东连拿 7 年》，《南方杂志》2023 年 11 月 26 日。

（二）鼓励共建产业创新战略联盟

鼓励龙头企业联合产业链上下游骨干企业、高等院校、科研院所、行业协会等多方主体，共同建立产业创新战略联盟，强化协同创新和沟通交流，塑造发展合力。支持产业创新战略联盟积极参与产业科技创新战略决策咨询，申请承担国家、省、市各级产业技术研发创新项目，聚焦产业链关键共性技术、基础工艺及装备等领域，组织各方优势力量开展协同攻关。支持产业创新战略联盟与政府间建立常态化沟通交流机制，通过政府召开的科技创新咨询座谈会、公告的科技创新支持政策征求意见渠道等，反映制约产业链发展的问题、产业链共性技术攻关所遇到的堵点卡点及需要政府协调解决的事项。支持产业创新战略联盟牵头组织技术路线研讨、创新成果对接交流等活动，吸引龙头企业、重点高校和科研院所、风险投资机构等多方主体参与，开拓创新思路，提高成果转化效率。支持产业创新战略联盟积极参与产业链各环节领域的团体标准、行业标准、国家标准和国际标准制修订，推动构建全产业链标准体系，促进全产业链标准化发展，提升产业链各环节衔接效率。

（三）打通校企旋转门

高等院校科研人员具有深厚的理论功底，企业科研人员更了解行业发展实际和技术应用需求，双方各有所长。推动高等院校和企业的科研人员实现顺畅的双向流动，不仅能高效利用人才资源，还能促进双方科研人员相互学习、共同提升。合理设置学术论文、发明专利、标准制定等各类科研成果在职称职务评审中所占权重，解决"唯论文、唯奖项、唯项目"等职称评审制度缺陷导致的高等院校科研人员深入行业意愿低的问题，鼓励高等院校科研人员参与企业研发项目、赴企开展调研实践。完善校外导师制度，为企业创新人才到高等院校兼职任教创造机会，明确校外导师聘任条件、职责权限、管理流程、岗前培训等事项，形成稳定的协同育人制度体系。通过高等院校和企业联合设立研究基金、共同申报承接重大科研项目等方式，创造更多校企联合研究的机会，拓展合作深度。健全校企导师互认互聘、共同考核的管理制度和创新成果利益合理分配的合作机制，推动高等院校和企业的人才资源共通共享。鼓励高等院校招引和培育既具有丰富理论知识和精湛操作技能、又具备大量实践经验深入了解行业实际的"双师型"教师，对重点产业领域的"双师型"教师优秀事迹进行大力宣传，充分发挥先进人物的示范带动作用。

三、加快科技成果转化

（一）支持建设科技成果转化平台

一是高质量建设一批科技成果转化孵化载体。推进低成本、便利化的众创空间建设，提升孵化器和加速器的专业化服务水平，打造创新能力强、富有活力的科技园，完善全链条孵化体系建设，推动科技成果"沿途下蛋"、高效转化。持续完善孵化载体评价指标体系，鼓励有条件的地区根据孵化载体的资质认定、科技型中小企业和高新技术企业培育、运营评价、可持续发展等情况，遴选出一批优质孵化载体予以奖励，并整理优秀经验和实践案例予以宣传推广。二是打造一批高效优质的技术转移平台。通过提供科技成果转化和技术转移专项奖励等方式，鼓励高等院校、科研院所设立技术转移中心，组建专业化团队从事产学研合作管理服务、科技项目孵化、专利和专有技术等科技成果转移转化等工作，推动高等院校和科研院所的科技成果向企业转移转化。依托中外合作办学院校，加强国内外科研合作与信息交流，促进国际科技成果转移转化。推进国家知识产权和科技成果产权交易机构建设，为全国范围的技术交易提供价值评估、多元化定价、交易对接等专业化服务。通过建立跨区域技术交易信息联合发布机制、规范技术交易各项机制和流程、健全技术交易市场管理制度等方式，提升各地技术交易市场的互联互通水平，避免出现信息碎片化、交易市场割裂化等问题。三是推动创新成果对接。通过线上线下举办创新成果发布会、展会、交易会、参观日等多类型活动，多渠道推介创新成果，丰富供需双方的信息供给和获取方式，并提高定向信息推送的精准匹配能力。

（二）支持创新成果应用场景建设

一是编制创新产品名录，强化对研发创新和推广应用的引导性。结合各行业技术发展趋势、国家重点支持的高新技术领域等情况，聚焦重点产业链上的关键技术、高新技术产品和服务，编制并定期更新创新产品研制需求和应用推广名录，一方面引导企业对标研制需求开展研发创新活动，另一方面加强对优质创新产品的宣传，鼓励企业加大应用力度。二是提高创新产品采购支持力度，提升企业使用创新产品的意愿。用好首台套技术装备、首批次新材料、首版次软件奖补政策，通过保费补贴、销售奖励等支持方式，鼓励企业购买新技术、新产品，推动研发创新成果在实践应用中迭代升级、优化完善。通过完善政府首购和订购制度、将创新产品应用纳入考核事项等方式，鼓励政府部门、国有企业和事业单位加大创新产品采购力度，在产品性能、质量等情况满足需求条件时，不得设置商业业绩、市场占有率等排斥创新产品参与投标的条件。三是打造创新成果应用示范，增加创新产品应用机会。在公共交通、政务服务、民生服务、医疗卫生、教育、农业等领域合理开放应用场景，以需求拉动技术发展、更新，推动创新成果产业转化。持续滚动推进新技术、新产品、新模式的应用场景征集、评审查验、跟踪评估，形成一批示范应用项目。

第三节 建设绿色低碳、节能高效的制造体系

产业链生态的可持续性要求我国实现低碳节能发展。近年来，我国资源利用效率不断提升，但与发达国家相比，高排放、高耗能问题仍旧存在。[①]我国亟须进一步提高绿色生产水平，推动产业链生态演进升级和可持续发展。

---

① 在 2020 年，我国 1 千克能源相关二氧化碳排放所创造的国内生产总值为 2.33 美元，而德国、日本和美国的数额分别为 6.8 美元、5.16 美元和 4.55 美元，各自是中国的 2.92 倍、2.21 倍和 1.95 倍；我国单位能源供给所创造的国内生产总值为 6713.90 美元，但德国、日本和美国的单位能源产出值却已达到了 14412.98 美元、13266.19 美元和 9508.42 美元，差异显著。

一、加快绿色低碳技术研发应用

（一）发展低碳关键核心技术

加强低碳、零碳、负碳技术研究布局，建设一批绿色低碳技术研发中心、重点实验室、工程研究中心等创新载体，围绕清洁能源、节能环保、重点工业行业节能降碳、绿色建筑、交通脱碳减排等重点领域，开展二氧化碳捕集利用与封存，氢能、核能、海洋能发电，以及生物燃料制备、重型装备智能再制造、载运装备低碳能源驱动、数据中心节能降耗、新型低碳建筑材料研制、生态系统固碳增汇、碳汇核算与监测、非二氧化碳温室气体减排与替代、二氧化碳高值化转化利用、电力多元高效转换等方面的技术研发攻关，为可持续发展提供绿色低碳技术支撑。通过"赛马制""揭榜挂帅"等机制和绿色低碳技术研发奖励等方式，鼓励龙头企业同上下游企业、高等院校、科研院所等联合组建绿色低碳技术研发中心，聚焦其所处产业链节能降碳需求开展协同攻关，推动产业链整体资源消耗和污染排放降低。实现绿色低碳可持续发展已成为全球共识，据能源和气候智库统计，截至 2022 年底，全球已有 151 个国家、158 个地区和 263 个城市以法律、政策文件、声明、承诺等形式提出了净零排放目标。为实现碳达峰碳中和目标，各经济体都有强烈意愿开发绿色低碳技术，进一步深化绿色低碳领域技术研发国际合作具有可行性。我国可积极与"一带一路"共建国家、东盟、德国等经济体开展技术交流、科研项目共担、学术研讨等活动，整合国际资源推动绿色低碳技术突破。

（二）推动绿色低碳先进技术成果转化

一是加大绿色产品政府采购力度，拓展绿色低碳技术市场应用空间。扩大政府部门、国有企业和事业单位等主体对绿色产品的采购力度，及时更新节能产品政府采购品目清单和环境标志产品政府采购品目清单，贯彻落实节能产品、环境标志产品强制采购和优先采购政策，严格执行《商品包装政府采购需求标准（试行）》《快递包装政府采购需求标准（试行）》《绿色数据中心政府采购需求标准（试行）》等各项政府采购绿色低碳标准。二是开展绿色低碳先进技术示范工程，推广技术基本成熟但商业化程度相对较低的先进适用技术。围绕非化石能源、低碳零碳工业流程再造、绿色智慧交通、二氧化碳先进高效捕集、二氧化碳资源化利用及固碳等各类领域，分别形成一批典型应用示范，促进绿色低碳技术产业化推广。三是完善绿色技术交易、碳交易等市场机制，以市场力量强化企业应用绿色低碳技术的意愿和能力。进一步健全碳排放权、碳普惠制、用能权、生态保护补偿等机制，提高企业实现绿色低碳发展的效益。我国于 2021 年 6 月以国家电网浙江省电力有限公司双创中心为主体揭牌成立了首个国家绿色技术交易中心，围绕节能环保、清洁生产、清洁能源、生态保护与修复、城乡绿色基础设施、生态农业六大领域，产品设计、生产、消费、回收利用四大环节，为绿色技术发布、咨询、洽谈和交易提供平台，截至 2023 年 7 月累计上架技术 2763 项、促成交易 781 项、达成交易额 15.74 亿元。[①]需进一步完善国家绿色技术交易中心等各类交易服务平台建设，加速绿色技术交易和成果转化。

二、推进重点行业节能降碳

（一）鼓励绿色工厂建设

一方面，鼓励企业应用绿色低碳先进技术。结合国家绿色低碳先进技术成果目录，以及各省市围绕能源、工业、交通、建筑等领域征集编制而成的本地区绿色低碳先进技术成果目录等宣传推广名录，鼓励钢铁、水泥、石油化工、有色金属、建材、数据中心等高耗能行业重点领域的企业开展技术改造，应用绿色低碳先进技术提升资源利用效率。通过资金奖励、各类奖项评选优先支持绿色制造企业、绿色金融等方式，推动建设"超级能效"工厂、"零碳"工厂、绿色供应链管理企业、绿色设计示范企业等各类绿色制造企

---

① 《打造绿色技术交易实践样板》，《中国高新技术产业导报》2023 年 7 月 3 日。

业。另一方面，推动打造绿色低碳产业园区。对于新建产业园区，秉持资源节约和环境友好理念做好顶层设计，严格落实环境影响评价等入园标准，通过建设园区智能微电网、搭建废物处理公共平台、加强水资源循环利用、引入产业间物质流耦合的循环产业链条等方式，推动建设一批绿色低碳示范园、循环经济产业园、绿色产业示范基地等绿色园区。积极培育汽车零部件、计算机服务器、工程机械、医疗器械等领域的再制造产业，打造再制造产业示范基地，促进废旧产品回收利用。对于既有产业园区，支持园区开展循环化、低碳化改造，建设综合能源系统、污染物集中处置平台等，提升资源循环利用效率。

（二）坚决遏制"两高"项目盲目发展

一方面，坚决遏制高耗能、高排放、低水平项目盲目发展。对于新建项目，科学评估项目效益、环境影响等情况，严格落实相关已有政策，如依据《清洁生产审核办法》对污染物排放超过国家或者地方规定的排放标准、耗能超过单位产品能源消耗限额标准、使用有毒有害原料进行生产或者在生产中排放有毒有害物质的"双超双有高耗能"企业实施强制性清洁生产审核；钢铁、水泥、平板玻璃、电解铝、烧碱、电石等领域产能等量或减量置换等。对于已有项目，重点监控高耗能高排放项目，鼓励企业通过引进低碳技术和先进设备、搬迁改造、兼并重组等方式提升能效水平，未达标项目和企业需进行整改提升或关停取缔。根据生产技术、行业发展、国际先进标准等情况，持续制修订相关法律法规、调整更新产业政策，健全市场化法治化的落后产能退出长效机制，利用能耗、环保、质量、安全、技术等综合标准，综合运用法律法规、经济手段和必要的行政手段，依法依规淘汰落后产能，推动全行业整体绿色化水平提升。

专栏：我国落后产能退出基本情况

为遏制"两高"项目盲目发展、促进行业绿色可持续发展，我国制定了清洁生产促进法、环境保护法、大气污染防治法、水污染防治法、节约能源法、产品质量法、固体废物污染环境防治法、安全生产法等一系列法律法规，颁布了《"十三五"节能减排综合工作方案》《关于利用综合标准依法依规推动落后产能退出的指导意见》《"十四五"工业绿色发展规划》等多项政策，并针对钢铁、水泥、电解铝等具体行业出台了诸多标准要求，初步建立了落后产能退出长效机制。

随着各项政策的落实和企业绿色化发展水平的提升，我国资源利用效率实现改善提升。我国规模以上工业单位增加值能耗和万元工业增加值用水量在"十二五"时期分别下降了28%和35%，在"十三五"时期分别下降了16%和39.6%，并在2021年进一步下降了5.6%和7%；2020年一般工业固废综合利用率达到 55.4%。[①]在"十二五"期间，我国累计淘汰火电装机2365万千瓦，淘汰炼铁产能7700万吨、炼钢产能7700万吨、水泥产能6亿吨、造纸产能2900万吨、制革产能3200万标张、印染产能100亿米，重点行业淘汰落后产能任务均提前一年完成。[②]在"十三五"期间，我国累计退出钢铁产能1.5亿吨以上、水泥产能3亿吨，地条钢全部出清，电解铝、水泥等行业的落后产能基本出清，重点行业主要污染物排放强度降低20%以上。[③]

另一方面，大力发展绿色产业。运用能耗总量和强度"双控"、碳排放总量和强度"双控"、能耗总量预算平衡、绿色产业投资基金等方式，鼓励各地区加大力度招引高效节能、先进环保、资源循环利用、绿色交通车船和设备制造等领域的节能环保产业，清洁生产原材料制造、清洁生产设备制造和设施建设、清洁生产技术服务等领域的清洁生产产业，以及风能、太阳能、生物质能、智能电网等领域的清洁能源产业。

---

① 金壮龙：《新时代工业和信息化发展取得历史性成就》，《学习时报》2022年10月3日。

② 《国新办举行大气污染治理和环境保护情况中外媒体见面会》，国务院新闻办公室网站2016年2月18日。

③ 数据来自国务院新闻办公室网站2023年1月19日发布的《新时代的中国绿色发展》白皮书，以及工业和信息化部印发的《"十四五"工业绿色发展规划》。

三、营造绿色发展氛围

（一）构建绿色标准体系

一是完善覆盖全产业链的绿色标准体系。鼓励各行业结合行业特点健全涵盖产品设计、原材料采购、生产制造、运输存储、销售使用、回收利用、废弃处置等产业链各环节的绿色标准，引导产业链各节点上的企业提升资源利用效率、减少污染物排放，推动产业链整体绿色化水平提升。根据技术水平、国际标准、国内产业基础等情况，动态调整绿色产品、绿色供应链管理等标准在单位产品能源消耗、产品可再生利用率、工业水重复利用率、单位产品温室气体排放等指标上的要求，整合优化国家标准和行业标准，强化标准的系统性、通用性和引领性。积极参与国际标准制修订，开展绿色标准国际交流合作，提升绿色产品标准的一致性。二是健全绿色产品和服务认证体系。培育一批专业的绿色产品和服务认证机构，提升机构检测评定能力，落实机构对产品质量和认证结果的连带责任，提高认证结果的有效性和可靠性。积极与"一带一路"共建国家、欧盟等经济体开展绿色产品合格评定合作与互认，提升贸易便利性，减少绿色贸易壁垒。三是提升监测监察能力。完善能源计量、碳汇核算、碳足迹核算、温室气体排放核算等体系，优化核算方法，强化计量技术和自动监测设备的研究与应用，提升监测数据的准确性、及时性和可溯源性。通过罚款、企业停产整治等行政处罚和拘留、有期徒刑等刑事处罚，严厉打击环境监测数据弄虚作假、虚标绿色产品等行为，使各项绿色标准得以切实落地。

（二）强化企业社会责任

我国于 2020 年 9 月提出了力争 2030 年前实现碳达峰、2060 年前实现碳中和的"双碳"目标，这一目标的落实最终需要落到一家家企业上。发达经济体也通过法律法规等形式进一步强化了企业在环境保护方面的社会责任履行要求，促使产业链上下游各企业主动开展提质增效、减污降碳相关行动。据能源和气候智库统计，截至 2022 年底，在全球收入最高的 2000 家上市公司中，共有 1308 家公司以企业战略、宣言、倡议等形式提出过净零排放、碳中和、减少二氧化碳排放等目标，占比为 65.4%。而其中，在 266 家中国上市公司中，仅有中国建筑集团、中国石油化工股份有限公司、平安保险公司、百度、铜陵有色金属集团等 43 家企业明确提出了净零排放、碳中和、减少二氧化碳排放等目标，占比仅为 16.2%，远低于全球平均比重。需鼓励钢铁、石化、水泥、有色金属、建筑、能源、信息服务等领域龙头企业和骨干企业发挥引领示范作用，明确企业"双碳"目标，研究减污降碳方式方法，制定中长期行动方案，切实履行环境保护社会责任。督促上市公司、发债企业、强制性清洁生产审核企业、重点排污单位等主体依法依规准确、及时、完整地披露碳排放、污染物治理与排放、生态环境应急响应等环境信息。落实生产者责任延伸制度，鼓励生产企业自建逆向回收利用体系或强化与回收企业、拆解企业、再制造企业的合作，并适时探索拓展制度适用领域。

专栏：欧洲强化供应链绿色化社会责任

德国于 2021 年 7 月正式颁布、2023 年 1 月生效实施《企业供应链尽职调查义务法案》，要求在德国职员人数达到 3000 人以上的企业（2024 年起扩展为职员人数达到 1000 人以上的企业）履行人权和环境相关尽职调查义务，覆盖了从原材料开采到产品交付给最终使用者的供应链全过程，以达到维护人权和保护环境的目的。在保护环境方面，法案涉及违反《关于汞的水俣公约》生产相关含汞产品、违反《关于持久性有机污染物的斯德哥尔摩公约》生产和使用相关化学品、违反《控制危险废物越境转移及其处置的巴塞尔公约》出口有害垃圾等 8 种情况的环境相关风险。企业需履行的尽职调查义务包括建立风险管理系统、任命负责人、定期开展风险分析、发布政策声明、制定预防措施、采取补救措施、建立申诉程序、对间接供应商的风险实施尽职调查义务、记录与报告等。如若企业违反相关规定，则会受到行政罚款、被排除于公共采购程序之外等处罚。

欧盟层面也对企业履行保护环境的社会责任、实现可持续发展提出了更高要求。2021 年 3 月，欧洲议会以 504 票赞成、79 票反对和 112 票弃权的表决结果通过了关于企业尽职调查和企业社会责任的立法建议，呼吁欧盟委员会提出相关提案以确保企业在损害人权、破坏环境、影响良好治理时承担相应责任。2022 年 2 月，欧盟委员会发布了《关于企业可持续尽职调查指令的提案》，规定企业需识别、预防、终止或缓解对人权和环境产生负面影响的行为，并要求部分大企业需有计划地保证其商业战略符合《巴黎协定》规定的 1.5 摄氏度全球气温升高上限。

（三）倡导绿色消费

一是广泛宣传绿色低碳生活理念。通过公益广告、报刊报道、公众号文章、短视频等多种媒体渠道和节能宣传周、地球一小时、绿色低碳志愿活动等多种形式活动，提升全民对绿色低碳发展的重视和认可，推动居民了解更多保护环境、实现可持续发展的措施做法，营造全民参与推进绿色低碳发展的良好氛围。鼓励各地区开展绿色家庭、绿色社区、绿色城市等创建活动，征集优秀示范予以宣传推广，推动绿色发展理念融入人民日常生活的方方面面。二是强化绿色消费引导。通过举办绿色低碳产品展会、编制绿色低碳产品推介名录、设立绿色产品线上线下销售专区等方式，提高居民对节能低碳产品、绿色产品标识、碳标签等的认识水平和信息获取能力。通过资金奖补、绿色积分兑换、发放绿色节能消费券等激励措施，鼓励消费者购买绿色有机食品、新能源汽车、高效节能电器、可降解材料等绿色低碳产品，逐渐培养消费者开展绿色消费的习惯。三是坚决遏制铺张浪费行为。通过先进事例宣传、负面典型曝光、反食品浪费法律法规宣传、食品浪费行为罚款等措施，制止餐饮浪费行为，推动消费者养成合理点餐、物尽其用、文明健康的消费习惯。推进宣贯生鲜食用农产品、食品和化妆品等商品限制过度包装要求的强制性国家标准，引导消费者自觉不选购过度包装的商品，塑造简约适度的消费偏好，并强化执法监督，推动生产经营者贯彻落实国家标准、践行绿色发展理念。

第四节　构筑数实融合、智慧赋能的生产网络

以数字产业化和产业数字化推动构建智能制造网络，能有力促进产业链生态的技术层、生产层、服务层、消费层和调节层高效衔接，提高产业链生态运转效率。

一、加快推动数字产业化

（一）加强数字技术研究

一方面，推进关键核心数字技术攻关。数字技术已成为各国研发创新的重点领域，如欧盟的"欧洲地平线"科研框架资助的领域就涉及量子技术、人工智能和机器人、先进计算和大数据等数字技术领域；美国于 2016 年、2019 年和 2023 年陆续更新《国家人工智能研发战略计划》，推进人工智能系统感知能力、可改进硬件的人工智能系统等技术研究，并通过《2022 年芯片与科学法案》为美国芯片研究、开发、制造和劳动力发展提供 527 亿美元的资助。我国也需高度重视数字技术发展，聚焦高端芯片、人工智能、操作系统、工业基础软件、量子科技、核心算法、区块链、新一代通信技术等关键核心技术，充分发挥新型举国体制、"揭榜挂帅"、"赛马制"等创新组织机制，鼓励行业企业、平台企业、高等院校、科研院所等开展产学研协同创新，着力强化数字技术研究能力。加快推进数字技术重点实验室、工程实验室、技术创新中心等研发平台建设，鼓励开展数字技术基础研究和原始创新，夯实数字技术创新根基。加强数据开放和协同创新，大力推进开源社区、开源平台建设，支持企业、高等院校、科研院所、社会开发者等共建开源生态，推动创新资源汇集和共享。

另一方面，以融合应用牵引带动数字技术发展。在农业、制造业、交通、物流、教育、医疗等领域，建设自动驾驶、智慧销售、智慧机场、远程医疗、智慧社区、无人配送、智慧图书馆等一批应用场景，促进5G、工业互联网、人工智能、大数据、云计算、区块链等数字技术广泛应用于生产生活的多个领域，并在应用中推动数字技术迭代升级，促进新模式新业态发展壮大。鼓励有条件的地区遴选一批技术先进适用、应用成效显著的试点示范项目，予以资金、评优等奖励，并宣传推广以发挥引领带动作用。

（二）培育壮大数字产业

推动重点数字产业集群发展。针对人工智能、大数据、区块链、云计算、高端软件、信息安全、网络通信等新兴数字产业，着力推动数字产业链条延链补链强链，扩大数字产业规模，促进数字产业集群化发展，推动建设数字楼宇、数字经济产业园、数字经济特色小镇等数字产业集聚区，充分发挥产业集聚效应。针对量子芯片、量子计算、未来网络、类脑智能等前沿科技领域，探索技术发展路线和潜在应用场景，前瞻性谋划布局一批未来产业。培育具有市场竞争力和发展带动力的数字产业领军企业，鼓励企业积极参与数字技术和产业相关标准制修订，提升企业对产业链生态的影响力。

加强数字产业开放合作。对于区域内数字产业，做好顶层规划，推动建设主导产业各异、发展路径差异化的数字产业园区。对于长三角、粤港澳、京津冀等跨区域数字产业，通过联合开展关键数字技术研发、共同拓展数字技术应用场景等形式，强化跨区域数字产业协作，充分发挥各地区比较优势，推动各地区数字产业协同发展，避免出现低水平重复建设问题。对于国内外数字产业，通过国际学术交流会议、国际展会、国际论坛等平台，加强数字技术国际研发合作及数字产业对接合作。积极研究《全面与进步跨太平洋伙伴关系协定》《数字经济伙伴关系协定》等高标准自由贸易协定中的数字经济规则，把握数字经济规则变化趋势，做好国内外规则对接，为数字产业国际合作创造良好制度环境。

完善高效、包容、审慎的监管机制。数字技术的快速迭代更新推动数字产业不断出现新业态新模式，各国都在着力完善相关监管机制，以促进数字产业更好发展和满足人民需要。例如，欧盟出台了《数字服务法》，用以监管交易市场、社交网络、内容分享平台、应用商店等在线机构和平台，防止网上非法有害活动和虚假信息传播。该法案已于 2023 年 8 月对指定平台企业生效，且将于 2024 年 2 月适用所有平台。我国要加强对新技术、新产业、新业态、新模式的研究，在深入了解分析新事物各方面情况及影响后，探索建立包容审慎的监管模式，促进数字产业规范发展。充分运用大数据、云计算、人工智能等各项数字技术，提升监管能力，推动相关行业发展要求落地落实。

二、推进产业数字化转型

数字化转型有利于企业提升生产效率、降低能耗和运营成本，是提高企业竞争力的一项重要举措。2022 年，我国一、二、三产业数字经济渗透率分别达到 10.5%、24.0% 和 44.7%，虽然分别同比增长了 0.4、1.2 和 1.6 个百分点，[①]但与发达国家相比，数字经济渗透率仍然偏低。在 2021 年时，英国的一产业数字经济渗透率就高达 30% 以上，德国、韩国的二产业数字经济渗透率就已经超过了 40%，英国、德国、美国的三产业数字经济渗透率更是达到了 60% 以上。[②]我国对数字技术应用的广度和深度仍有待进一步提升。

（一）加快企业数字化改造

我国企业数字化转型比例与发达经济体仍存差距，以 ERP（企业资源计划）系统使用为例，在 2021 年时，德国、法国企业 ERP 系统普及率分别达到了 37.8% 和 45.27%，而我国尚不到 30%，[③]数字化转型还有待进一步加强。

---

① 中国信息通信研究院：《中国数字经济发展研究报告（2023 年）》，2023 年 4 月。
② 中国信息通信研究院：《全球数字经济白皮书（2022 年）》，2022 年 12 月。
③ 观研天下：《中国 ERP 软件行业现状深度研究与投资前景分析报告（2023—2030 年）》，2023 年。

针对中小企业，支持企业根据发展需求、数字化改造成本及收益等情况，在研发设计、生产制造、物流运输、经营销售、售后服务等业务环节分阶段开展数字化改造活动，推进智能制造、柔性制造、数字化管理、线上营销、远程运维等数字化应用，推动企业核心业务上云上平台。针对龙头企业，支持企业集成应用智能制造设备、数字化管理系统等软硬件，全面提升数字化、智能化水平。鼓励链主企业牵头推进数字化转型标准规范，带动上下游企业在采购、生产制造、销售等环节开展数字化协同，助力全产业链数字化水平提高，提升产业链上下游衔接效率。充分运用技术改造、数字化转型、数字经济发展等各类专项资金支持企业开展数字化改造，鼓励金融机构通过制造业中长期贷款、供应链金融等方式为企业数字化转型提供融资支撑。大力发展机器人、数控机床、智能物流装备、MES（制造执行系统）、DCS（集散控制系统）等智能装备、工业控制和管理软件，为广泛推动行业数字化转型提供物质技术支撑。

创建数字化转型标杆示范。根据行业特征、相关数字技术发展和应用等情况，分类确立各行业数字化转型评价体系和标准。通过资金奖励等形式，鼓励企业建设工业互联网典型应用企业、5G 全连接工厂、数字化车间、智能制造示范工厂、"小灯塔"企业、"灯塔工厂"、"数字领航"企业等各类数字化转型标杆。在各行业遴选一批典型的数字化转型案例予以宣传，推广企业优秀实践，引领带动各企业开展生产流程、企业经营、产品全生命周期管理等多方面的数字化转型活动。

专栏：广州树示范促进融合应用

广州实施赋能制造业转型升级、赋能工业互联网引领、赋能园区示范、赋能绿色循环提级等系列行动，推动建设"数字领航"企业和"小灯塔"企业、国家级智能制造示范工厂、工业互联网应用示范标杆、工业互联网/大数据/人工智能/Handle 标识解析等典型应用场景、国家新型工业化产业示范基地、循环化改造试点园区、节水型标杆园区、绿色制造试点示范项目等一批标杆示范，引领带动数字技术、绿色低碳技术与工业深度融合，促进制造业智能化、绿色化转型，提升资源利用效率。广州还对符合条件的"数字领航"企业、国家级绿色工厂企业、国家级智能制造示范工厂企业等给予奖励，以鼓励企业优化提升、争做标杆。截至2023年1月，广州已培育了17家国家级、48家省级服务型制造示范单位和1家国家级双跨平台、10家国家级特色专业型平台，打造了华凌制冷、广州宝洁2家全球"灯塔工厂"，成为全国首批服务型制造示范城市和联合国工业发展组织全球"定制之都"案例城市，先进制造业与现代服务业深度融合取得积极成效。①

（二）提升数字化服务水平

提升工业互联网服务效能。工业互联网作为新一代信息技术与制造业深度融合的产物，通过对人、机、物的全面互联，构建起全要素、全产业链、全价值链全面连接的新型生产制造和服务体系，是数字化转型的实现途径，是实现新旧动能转换的关键力量。②要支持钢铁、石化、机械制造、采矿、交通等重点行业领域建设技术强、服务优、效率高的工业互联网平台，为企业生产流程优化、柔性制造开展、产品质量控制、经营管理改进等提供数字化转型和智能化改造服务。鼓励有条件的地区通过政府采购等方式，为中小企业提供智能制造免费诊断服务，提升数字化转型在中小企业的普及率，并根据诊断方案转化实施效率、方案取得成效等情况对优秀服务商予以奖励，促进服务质量提升。通过搭建供需交流平台、举办线上线下对接活动等方式，促进服务商与企业对接数字化转型服务供需情况，提高对接的精准性。支持工业互联网平台企业、行业龙头企业、上下游骨干企业、高等院校、科研院

---

① 《广州两业融合持续发力，加快推动服务业扩大开放综合试点》，广州市人民政府网，2023年1月12日。

② 《〈工业和信息化部办公厅关于推动工业互联网加快发展的通知〉政策解读》，中国政府网，2020年3月21日。

所等多主体围绕工业场景实际应用需求，联合开展工业仿真、数字孪生、工业控制等技术攻关，提升数字化服务能力。

推动园区数字化转型。支持园区开展内外网络升级、建设公共云服务平台、部署数据采集和传输系统、搭建运营运维管理信息系统等数字化改造，完善数字基础设施建设，提升园区管理和服务水平。推动工业互联网平台、智慧环保监控平台、智慧应急管理平台等在园区落地，为企业智能化改造和绿色化转型赋能。打造一批智慧园区示范标杆，加快园区数字化转型进度。

（三）完善新型基础设施建设

优化网络基础设施。大力推进 5G 基站集约化建设，推动基础设施共建共享共维，以提高基础设施使用效率，促进 5G 商用纵深发展，并加大第六代移动通信技术研发支持力度，积极参与 6G 国际标准制定，强化移动通信领域未来发展优势。通过碳化硅射频器件、高制程芯片、自然冷源等新设备、新材料、新技术、新设计的应用，提升 5G 基站能效。有序推进千兆光纤网络建设，助推"千兆城市"创建。截至 2023 年 2 月，我国共建成 110 个千兆城市，约占所有地级市的三分之一，超大带宽、超低时延、先进可靠的双千兆网络为重点领域数字化转型提供了有力支撑。[①]加快网络、云计算平台等基础设施及智能电视、物联网终端等终端设备和应用 IPv6（互联网协议第六版）改造升级，提升用户普及率，优化网络性能，提高服务水平。

发展算力基础设施。数字技术与实体经济的深度融合促使数据产量高度增长，对算力的需求也不断扩大。我国需加快推进"东数西算"工程，结合各地区产业发展需要、应用场景需求、能源资源禀赋、气候等情况，优化超级计算中心、边缘计算节点、智能计算中心等基础设施布局，为产业发展提供算力、数据和算法服务支撑。着力建设集约、绿色、智能的数据中心，通过使用可再生能源、加强余热综合利用、机柜式模块化建设、优化制冷系统

---

① 《我国三成地级市建成千兆城市 赋能千行百业助力数字经济》，工信微报，2023 年 2 月 18 日。

节能技术、加强智能化能耗管理等方式，推动数据中心节能降耗，实现绿色低碳运转。围绕量子计算、类脑计算、超导计算、生物计算等前沿领域，加强技术研究，促进交叉学科融合创新，前瞻布局新型计算体系。

第五节　塑造保障有力、功能配套的要素环境

要素作为产业链生态的非生物环境，对产业链生态内各主体的活动均能产生显著影响。我国要强化土地、人才、资金和数据等关键要素的支撑作用，营造良好发展环境。

一、创新用地供给保障机制

（一）整治提升低效工业用地

完善亩均效益评价机制。结合产业特征、企业规模等情况，分行业设定亩均工业增加值、亩均销售收入、亩均税收、单位能耗工业增加值、单位排放工业增加值、劳动生产率、单位用电税收、研发经费支出等指标要求，全面了解工业用地使用效率情况。通过对亩均效益高的企业给予土地使用税减免、优惠政策优先倾斜等方式，正向激励企业持续提升生产效率。针对低效工业企业，运用差别化电价水价、控制取水计划量、严控排污指标等方式，倒逼企业通过设备更新、技术改造、兼并重组等方式提高亩均效益。针对在能耗、环保、质量、标准等方面违法违规企业，依法关停整改，及时处置整改后仍未达标企业，腾出土地引进高效工业企业。

推动低效工业用地再开发。允许土地使用权人以自主改造、联合经营、协议转让等方式开发利用低效工业用地，鼓励相邻多宗地块联合开发改造，以整治低、散、乱问题。在保障安全的前提下，通过规范地下空间建设用地使用权管理、免于补缴土地出让金等方式，鼓励低效工业企业以建设仓库和停车场等形式科学、复合利用地下空间，适当增加建筑容量以满足生产经营

的空间需求，提升用地容积率。强化工业用地全生命周期管理。支持各产业园区结合主导产业情况，完善工业用地产业准入、定期评估、整改提升、企业退出等机制，持续保障工业用地效益水平。

推广"工业上楼"模式。鼓励园区建设高层厂房，合理设计建筑，以保障生产工艺、货物运输、使用舒适度、动力设施、安全生产等的空间需求和便利化要求，提升工业用地的开发强度和用地容积率。根据设备载重、生产工艺的层高需求、环保安全要求、减震措施、员工密度、货梯需求等情况，鼓励新一代通信设备制造、新材料、生物医药、纺织服装、高端装备制造、珠宝首饰、医疗器械等适宜上楼的产业入驻高层厂房。强化产业集聚效应，打造上下楼就是上下游的高效合作模式。

（二）创新产业用地供应方式

鼓励采取多样化土地供应方式。明确弹性年期出让、长期租赁、先租赁后出让、土地使用权作价出资入股等多种土地供应方式的实施细则，满足不同资金实力企业的差异化用地需求，推动优质项目落地投产。完善工业用地"标准地"供应、"标准地+定制地+双信地"供应[①]，用地使用权"带方案"出让、"带产业项目"出让、"出让合同+投资发展监管协议"出让模式等机制，加快项目落地速度。

探索混合产业用地供给。一宗土地一般只有一种用地性质，但这难以满足企业的工业生产、仓储、科研、办公、商业服务等多种土地用途需求。鼓

---

① 江苏省自然资源厅于 2022 年 1 月出台《关于推行工业用地"标准地+双信地+定制地"供应模式的通知》，规定"工业用地标准地供应是指通过收储整理，实现动工开发所必需的通水、通电、通路、土地平整等基本条件的'净地'基础上，统一开展区域综合评价，在同一区域内按照行业分类和产业准入标准供应工业用地。""工业用地双信地服务是指在实施工业用地标准地供应基础上，按照'政企互信+政企守信'契约原则，加强政企对接，通过用地预申请、优化审批流程等方式，以'模块化、集成式、可选择'政府服务承诺清单为企业提供菜单式全流程服务，提高行政审批效率，实现'交地即开工'。""工业用地定制地配置是指在工业用地标准地供应和双信制服务基础上，有机统一政府共性要求和企业个性需求，以促进尽快开工建设为目标，集成组合运用地价、供地等支持政策，保障优先发展产业和重大项目落地。"

励各地探索增加混合产业用地供给，完善产业准入、项目审批、土地供应、工程建设、履约监管等流程机制，推动土地内实现用途互利、功能多样、运转高效、空间灵活的混合布局，促进融合发展、互促共赢。

（三）推行用地分阶段权证管理制度

健全"建设期+投产期+剩余年限使用期"分阶段权证管理机制。分别设置企业在各阶段所需达到的各项要求和违约责任，如项目开竣工时间、用地容积率、开发投资总额、亩均工业增加值、单位能耗、单位二氧化碳排放量、企业研发投入强度等，严格开展检查审核并落实相关措施，全面提高项目履约能力。在建设期，提升项目相关服务效能和审批效率，并针对重大项目开展"一企一策"贴身式服务，精准有效解决建设中的问题困难，推动项目早落地早开工；及时开展竣工验收，达到验收要求的项目方可办理房屋所有权初始登记手续。在投产期，按照亩产效益、环境、能耗、投资等标准进行定期考核，要求未达标企业及时开展技术改造、按约投资生产等整改活动，保障工业用地使用效率；未通过履约认定的项目，政府可终止土地出让合同，以原出让价格或不高于原出让价格的市场现价收购土地使用权；投产期满并通过履约认定的项目方可转让房屋所有权和土地使用权，这能起到防范炒作工业用地的作用。

二、增强人才支撑作用

（一）引培高层次人才

高层次人才在科学研究、技术创新、经营管理等方面具有引领带动作用，会发挥其聪明才智带领团队探索前沿理论、攻克技术难关、开拓市场。尤其在新一轮科技革命和产业变革蓬勃发展的当下，科技创新的重要性愈发突显，对科技创新起到重要支撑作用的高层次人才也愈发显得关键，各国均出台了多项支持政策，高度重视高层次人才的引进和培育工作。在人才引进方面，鼓励各地梳理紧缺人才类型清单，围绕重点产业急需人才提供落户、住房、医疗、社会保险、子女教育、配偶工作、职级晋升等方面的优惠政策，强化对高层次人才的吸引力，为高层次人才创造一个无后顾之忧、专心致志工作的良好环境。支持高校和科研院所开展国际学术交流会议、跨国教学科研合作项目等活动，鼓励有条件的企业在境外设立研发中心、加强与境外机构联合研发合作等，拓宽与海外高层次人才合作渠道，为引进海外高层次人才创造良好机会。在人才培育方面，强化重点实验室、技术创新中心、工程创新中心、院士工作站等创新载体建设，通过研发经费支持等方式，鼓励高层次人才组建科研团队、积极承担科研项目，以项目促进高层次人才能力提升、团队实力增强，为高层次人才发展提供空间。支持高层次人才参与国际交流论坛、高级研修班等活动，强化学习交流，助力高层次人才开阔思路眼界、紧跟技术前沿。

专栏：成都"一链一策"优化领军人才引培

成都于 2020 年发布《成都市产业生态圈人才计划实施办法》，这是首个基于产业经济地理的人才计划。[①] 围绕产业生态圈建设，文件提出在 2020 年到 2025 年间，引进培育约 1500 名产业生态圈领军人才，并为领军人才在职业发展、居住生活等方面提供支持措施。在职业发展方面，领军人才可获得 30 万元资金用于科技研发、课题研究、团队建设等，参与"产业生态圈领军人才提升营"专班培训和赴外研修访问、学术交流，并可获得适当条件放宽、破格申报工程系列职称等优待。在居住生活方面，领军人才可获得住房限购条件放宽、优惠购买人才公寓等住房保障，享有体检和疗养休假服务、子女入学统筹安排等福利。[②]

---

① 《成都"产业生态圈人才计划"启动申报》，《成都日报》2021 年 4 月 6 日。
② 《〈成都市产业生态圈人才计划实施办法〉出台 到 2025 年引进培育 1500 名产业生态圈领军人才》，《成都日报》2020 年 7 月 8 日。

（二）加强产教融合

产教融合是解决高校人才供给与产业人才需求不匹配、学用脱节问题的重要措施，有助于提升企业用人效率，提高职业教育质量。一是鼓励校企共商学科建设。强化高校和企业在学科设置、培养方案等方面的沟通交流，结合新技术、新产业、新业态情况，协同梳理急缺技能人才职业，明确人才培养重点。支持职业院校设置新一代信息技术、新材料、新能源、智能制造、康养服务、家政服务等具有发展潜力且技能人才缺口较大的产业领域相关学科专业，适时撤销或合并岗位逐渐消失、人才供给过剩的学科专业，优化人才培养结构。二是支持校企联合建设实习实训基地。通过允许职业教育投资额部分抵免教育费附加和地方教育费附加、加大财政预算对产教融合实训基地建设的支持力度、鼓励金融机构在风险可控条件下创新推出适合产教融合项目的融资产品、提高土地供给支持力度等多种方式，切实鼓励有条件的企业和高校共建共享实训基地，解决企业受限于投入成本而导致参与积极性不足、出现产教融合"校热企冷"的问题。通过工学交替培养、订单式人才培养等模式，推动学生到企业进行实习实训，在实践中将所学理论知识、职业技能同产业发展现实需要更好结合。

（三）完善人才激励机制

一是要健全人才评价机制，优化用人导向。结合岗位特点，分类制定相适宜的人才评价机制，面向基础研究人员突出学术价值评价，面向应用研究人员和技术开发人员突出市场价值评价，破除唯论文、唯帽子、唯职称、唯学历、唯奖项的评价标准，形成科学化的人才评价指标和制度，并尊重客观规律合理设置评价周期，尤其需要为基础研究提供有效的长周期评价机制，鼓励基础研究人员心无旁骛地深入钻研。建立政府、用人单位、专业组织、同行专家等多元主体评价机制，通过合理下放人才评审认定权限等方式，强化用人单位在人才评价、职称评审中的主导作用，解决评价指标与用人需求不匹配问题。二是要加大人才物质激励力度，充分激发人才活力。支持用人单位通过股权、期权、现金等方式激励人才在工作岗位上深耕细作、守正创新，并减少人才流失。优化科研人员利益分配机制，完善按实际贡献分配奖励的方式方法，并赋予高校、科研院所、国有企业、事业单位等主体科技成果使用、处置和收益管理自主权，允许科技成果以多种形式转让转化，从中给予科研人员奖励。鼓励地方为高端人才和紧缺人才提供个人所得税减免等优惠政策，强化汇聚人才的能力。三是提高人才表彰奖励力度，发挥精神激励的积极作用。通过全国劳动模范和先进工作者、国家科学技术进步奖、国家自然科学奖、国家技术发明奖、全国创新争先奖等重要奖项评选表彰，以及依规推荐人才成为人民代表大会代表候选人、群团组织代表大会代表候选人等方式，宣传优秀人才事迹，塑造尊重人才的良好社会风气，激发人才使命感、责任感和荣誉感。

专栏：成都构建市场主导的人才评价机制

　　成都在人才评价方面赋予了市场主体更多评审权，构建市场主导的评价机制，充分激发用人主体引才育才的动力。具体而言，根据各产业生态圈建设需要，相关牵头部门会开展产业生态圈项目人才计划申报工作，针对科技研发、经营管理、专业技能各类人才确定各自的申报条件。首先，牵头部门会同产业联盟、行业专家等一同开展头部企业评选，头部企业根据所获人才分配名额、人才申报条件在企业内部进行自评，选出推荐人才；同时，产业链上下游关联配套企业自选出推荐人才后报产业功能区管委会，功能区管委会对人才进行审核后将推荐人选报产业联盟，产业联盟牵头组建评选委员会，根据人才名额、人才技术水平、业绩成果等情况确定最终推荐人才。随后，牵头部门对头部企业和产业链上下游关联配套企业推荐人选进行复核初审，形成建议人选名单报市委组织部。最后，市委组织部征求各部门意见对建议人选名单进行复审、公示最终人选，对最终确定人选颁发入选证书。从人才评选流程中可以看出，企业、产业联盟等市场主体具有较高的人才选择自主权，有助于推动产业需求与人才供给有效匹配。

2022 年，成都调整发布《成都市产业建圈强链人才计划实施办法》。一方面，由开展特定产业生态圈人才引培进一步细化到产业生态圈中具体重点产业链的人才引培，即由"一圈一策"细化到"一链一策"，推动产业链与人才链深度融合。另一方面，将原有头部企业和产业链上下游关联配套企业两类人才推荐类别扩增为链主企业、产业链上下游关联配套企业、招商引智企业（项目）三类人才推荐类别。其中，链主企业和产业链上下游关联配套企业的人才推荐流程与此前流程相比有所调整，但大体相近，而招商引智企业（项目）类人才，先由基于项目招引情况而获得人才推荐权的各区县相关主管部门结合分配名额、人才标准等条件，从新引进落地的重点企业和项目中确定推荐人才上报市级部门，随后同另外两类别推荐人才一样经历初审、复审、公示等流程确定最终人选。通过将人才支持措施与重点企业、重大项目相联系，成都着力引导优质人力资源向重点产业链集聚，为建圈强链提供充足人才供给。

三、建立资金保障体系

（一）提高产业投资基金支持效率

产业投资基金在带动社会资本加大投入、促进国有资产保值增值、推动重大项目落地等方面发挥着积极作用，是满足产业发展资金需求的一大渠道。一是要优化产业投资基金建设。鼓励各地区结合产业发展规划、主导产业特征、产业发展潜力等信息，合理设立产业投资基金和重点产业定向子基金，明确基金规模、配资方式、运作目的等情况，使基金有重点、有目标地高效运作。完善产业投资基金设立、运作、风险管控、终止、退出等各环节管理规范，推动基金高效、安全、精准使用。二是要提高产业投资基金专业化运作水平。通过将员工薪资与经营绩效挂钩、联合专业投资管理公司设立合伙人企业、设置适当收益激励政策等方式，建立专业化的产业投资基金管理队伍，解决投资、财务、法律、金融等专业人才缺乏问题。鼓励将基金运营与产业园区建设相结合，以产业投资基金引导汇聚园区主导产业发展所需人才、技术、资本等要素，助力园区优质项目早落地早投产。三是要完善产业投资基金评价和考核机制。合理设置产业投资基金绩效考核评价指标，将引导带动社会资本投入、国有资产保值增值、产业发展促进效果、初创企业培育成效、基金使用效率等情况纳入评价体系。全周期评价产业投资基金项目效益，不因短期经营绩效不理想而完全否定项目潜力，并完善尽责免职机制，适度提高产业投资基金风险容忍度，营造敢担风险、鼓励创新、宽容失败的氛围。

专栏：合肥推动国有资本良性循环带动产业发展

合肥通过国有资本带动社会资本投资，既解决了重大项目资金紧张问题，成功招引龙头企业，带动当地经济发展和就业增长，又提高了国有资产使用效率，促进国有资产保值增值。引入京东方是合肥以投促产的典型案例。2008 年左右，合肥为中国三大家用电器生产基地之一，在全国家电市场所占份额达到 20%以上。家电产业也是合肥的一大支柱型产业，2007 年，合肥家电产业产值超 300 亿元，占合肥生产总值的 22.5%以上，家电及相关配套企业数量超 500 家。[1]但合肥家电产业一直存在缺少平板显示器件生产能力、大尺寸液晶面板高度依赖进口的问题，而液晶显示屏约占液晶电视制造成本的 70%以上[2]，"缺屏"问题严重制约了合肥家电产业的进一步发展。为此，合肥积极与平板显示企业对接，并成功与京东方达成薄膜晶体管液晶显示器件 6 代生产线项目合作。由于新建平板显示器件生产线所需投资巨大，金额高达百亿元以上，合肥利用国有资本以股权投资的形式带动大量社会资本投资，助力中国大陆首条高世代线项目成功落地。

---

① 合肥市投资促进局：《合肥家电产业"第三极"正在崛起》，2008 年 10 月 6 日。
② 《我国大陆首条第 6 代 TFT-LCD 生产线正式投入试生产》，《中国政券报》2010 年 9 月 3 日。

具体而言，京东方科技集团与合肥市人民政府、合肥鑫城国有资产经营有限公司、合肥市建设投资控股（集团）有限公司于 2008 年 9 月 12 日签署了《合肥薄膜晶体管液晶显示器件（TFT-LCD）6 代线项目投资框架协议》，京东方董事会于当年 9 月 18 日审议通过了该协议。协议提出设立合肥京东方光电科技有限公司（以下简称合肥京东方），投资建设第 6 代 TFT-LCD 生产线，生产经营 37 英寸及以下的 TFT-LCD 显示屏、模组等产品。项目投资总额预计为 175 亿元，其中，公司注册资本为 60 亿元，由京东方以定向增发的形式筹集并投入合肥京东方；在 90 亿元项目资本金中，60 亿元将由合肥及其指定的投资平台投入，30 亿元由合肥和京东方共同筹资并由合肥保底落实解决；项目投资总额与资本金的差额部分由合肥京东方向银团申请贷款解决。此外，合肥还承诺通过地块配套条件、土地价格、能源供应、贷款贴息等方式为项目建设提供支持。随着初始注册资本的迅速筹集，合肥京东方于 2008 年 10 月 16 日在合肥新站综合开发试验区注册成立，其初始注册资本为 5000 万元，其中，京东方、合肥鑫城和合肥建投分别占股 19%、30% 和 51%。在 2009 年 6 月，京东方以 2.4 元每股的价格向 10 位主体非公开发行股票 50 亿股，筹集 120 亿元用于增资合肥京东方 TFT-LCD 6 代线项目建设和补充京东方流动资金。合肥通过合肥鑫城和合肥蓝科投资有限公司向京东方进行了 30 亿元的国有资本股权投资，带动了 90 亿元来自其他地区的社会资本投资（见表 4-1），使合肥京东方 TFT-LCD 6 代线项目获取了充足资金，得以顺利推进。与此同时，京东方通过多轮对合肥京东方增资和受让合肥鑫城、合肥建投股权，实现对合肥京东方完全控股。在 3 年股票禁售期结束后，合肥国有资本逐渐减持京东方股份，将获取的收益用于新一轮的优质项目投资，实现了"项目引进—国有资本带动社会资本投资以满足项目融资需求—项目落地—国有资本逐渐退出—国有资本投资新项目"的良性循环。

表 4-1　2009 年京东方非公开发行股票情况

发行对象	主体类型	所属地区	认购股数/亿股	募集资金/亿元
合肥鑫城国有资产经营有限公司	有限责任公司（国有独资）	合肥	6.25	15
合肥蓝科投资有限公司	一人有限责任公司	合肥	6.25	15
柯希平	个人	厦门	7	16.8
上海诺达圣信息科技有限公司	有限责任公司（国内合资）	上海	7	16.8
北京亦庄国际投资发展有限公司	有限责任公司	北京	5.83	14
北京智帅投资咨询有限公司	其他有限责任公司	北京	4.1	9.84
海通证券股份有限公司	其他股份有限公司（上市）	上海	4	9.6
航天科技财务有限责任公司	有限责任公司	北京	3.53	8.46
红塔证券股份有限公司	非上市股份有限公司	昆明	3.13	7.5
西南证券股份有限公司	股份有限公司（上市公司）	重庆	2.92	7
合计			50	120

资料来源：《京东方科技集团股份有限公司 非公开发行股票发行情况报告暨上市公告书》（公告编号：2009-027），2009 年 6 月 9 日。

注：由于数据四舍五入，加总后与合计数额存在部分差异。

（二）强化银企对接合作

一方面，鼓励金融机构在风险可控条件下创新金融工具，满足企业多样化金融需求。支持金融机构定期开展企业调研活动，深入了解不同行业、不同规模、不同发展阶段的企业融资需求及面临的融资阻碍等情况，为金融机构更好服务产业发展奠定基础。鼓励金融机构结合产业特征，针对科技研发、技术改造、数字化转型、绿色化发展、对外贸易、规模扩张等不同融资目的，对应提供知识产权质押融资、绿色债券、出口信用保险、中长期贷款、应收账款质押、存货质押等多类型金融产品，积极开展供应链金融服务，增强对产业链整体的金融支持作用。鼓励金融机构充分运用大数据、区块链、云计算等新技术，提升金融服务质量和效率，强化对金融风险的甄别、防范和化解能力，更好统筹金融发展与金融安全。另一方面，拓宽银企对接渠道，促进企业同金融机构开展深入交流与合作。深入开展企业调研和金融机构调研，了解企业融资需求、市场竞争力、发展现状等信息，梳理金融机构现有金融产品供给情况，编制优质企业和优质项目名录、主要金融产品清单，分别推送给金融机构和企业，助力提升金融服务供需匹配精准度。围绕主导产业，定期开展特定行业的银企对接活动，为企业与金融机构交流解惑、沟通个性化特色化金融产品需求、洽谈合作等提供平台，推动企业与金融机构彼此了解。

（三）拓宽企业融资渠道

股票、债券等直接融资是企业获取发展所需资金的重要来源，具有资金配置效率较高、资金使用期限灵活和借贷双方信息不对称程度较低等优点[①]。我国直接融资占比较低，2023 年末我国社会融资规模存量为 378.09 万亿元，其中，企业债券余额、政府债券余额和非金融企业境内股票余额分别为 31.11 万亿元、69.79 万亿元和 11.43 万亿元，合计共占社会融资的 29.71%[②]，我国融资结构仍以间接融资为主，而美国、英国等发达经济体的融资结构却是以直接融资为主，我国企业融资渠道亟待进一步拓宽。在股权融资方面，通过提供上市融资指导培训、给予发行上市奖励、补贴首次公开募股合规信息技术服务采购和挂牌年费、优化企业上市所需文件材料出具流程等方式，鼓励企业在新三板、上交所、深交所、北交所等平台挂牌和上市。鼓励有需求的企业采取股票增发、配股、发行可转换债券等多种方式进行再融资，以多元化渠道提供企业做大做强所需资金要素。完善股票市场基础制度，优化发行、交易、退市等制度安排，推动上市公司质量全面提升。在债权融资方面，通过给予债券发行奖励、鼓励金融机构加大对企业债券融资的增信支持力度等方式，支持企业利用公司债券、融资租赁、资产支持证券、中期票据等各种债权类融资工具募集资金。完善债券定价、发行、承销、做市等机制，推动债券市场稳步发展。

---

① 郭威：《切实为非公有制经济发展解难题增活力》，《经济日报》2018 年 12 月 20 日。
② 中国人民银行：《2023 年社会融资规模存量统计数据报告》，2024 年 1 月 12 日。

四、强化数据要素保障

（一）完善数据要素分级分类管理

根据数据所承载信息的敏感程度、重要程度、影响程度和潜在风险等情况，对数据要素进行分级分类管理，是实现数据要素既有序流通、高效开发利用，又保障国家安全、维护个人隐私的必要前提。具体而言，数据分级是根据数据的敏感程度和遭到篡改、破坏、泄露或非法利用后对国家安全、企业利益和个人隐私的影响程度，按照一定的原则和方法进行定级的过程；数据分类是根据数据的属性或特征，按照一定的原则和方法进行区分和归类，并建立起一定的分类体系和排列顺序，以便更好管理和使用数据的过程。①针对公共数据、企业数据、个人数据等不同数据要素，结合数据属性、特征和安全防护要求等情况，分别明确重要数据、核心数据的认定标准，提升数据识别和分类分级能力，并根据实践经验、数据技术发展等情况，动态调整认定标准。将数据分级分类管理的理念贯穿于数据采集、传输、存储、处理、共享和销毁全生命周期，提升数据治理效能。

（二）完善配套标准规范和法律法规

一是要完善数据要素市场各环节的标准规范与监管规则。围绕数据要素采集、传输、存储、处理、流通等各个环节，不断优化相关市场准入标准、数据使用规范、数据质量标准化建设、数据安全管理认证等制度，更好统筹数字经济发展与数据安全保护。二是要探索建立数据产权制度。结合数据来源、数据要素属性等情况，明确个人、政府、数据存储者、数据加工处理者等各类主体在数据生产、流通、使用等过程中的权利界限，逐步构建数据资源持有权、数据加工使用权、数据产品经营权等数据产权结构性分置制度。

---

① 李书品、王伟玲：《数字经济腾飞丨加快推进数据分类分级，夯实数据基础制度前提》，新华网 2023 年 1 月 4 日。

三是深入参与制定国际高标准数字规则。利用数字经济伙伴关系协定加入谈判、全面与进步跨太平洋伙伴关系协定加入谈判、商签涵盖数据要素相关规则条款的高标准自由贸易协定、探索在自由贸易试验区先行先试数据跨境流动规则等契机，主动在数据交流、数据安全、认证评估等方面开展国际交流合作，积极参与相关国际规则和数字技术标准制定。

（三）高水平建设数据交易市场

一是统筹优化数据交易场所布局。做好数据交易场所布局顶层规划，健全数据交易规则和统一的标准体系，规范搭建国家级、区域性和行业性数据交易场所，促进各类数据交易场所互联互通，形成多层次、强流通、低成本、高效率的数据交易市场。充分运用区块链、云计算、大数据、人工智能等新一代信息技术，提升对数据交易的监管效能，严厉打击数据黑市交易，营造安全可靠、有序运转的数据交易环境。二是加快培育一批数据商和第三方服务机构。通过财税、金融等多项支持政策，鼓励数据商提升加工增值数据、开发数据产品、标准化合规化数据资产等方面的能力。培育壮大第三方服务机构，发展数据集成、数据清洗、数据经济、合规认证、安全审计、数据托管等数据服务。

CHAPTER

5

第五章
政策建议

产业链生态的稳定运行离不开完善的政策体系保障,既需要强化顶层设计,凝聚各部门力量形成合力,又需要促进产业链生态内各要素的高效流动,还离不开优秀模式的推广以及营商环境的优化。各种政策协同作用,共同推动产业链生态建设迈入良性轨道。

第一节　加强组织领导和顶层设计

一、健全组织领导机制

设立产业链生态建设协调领导小组,统筹产业链生态建设全局性工作,推动产业链发展重大政策制定和重大项目实施,协调产业链跨地区、跨部门事宜,定期研究解决产业链生态建设发展中的突出问题。建立主要领导召集的议事会商机制,定期在整体规划、基础设施、产业链发展等方面开展磋商,共同谋划跨区域重大项目落地、重大规划对接、重大政策协同等事宜,强化产业链分工配套和创新协同。

二、建立决策咨询机制

在产业链生态建设协调领导小组下设立战略咨询委员会,与行业内权威研究机构、行业协会进行实质对接,聘请国内外知名企业家、学术专家以及专业研究机构加入。战略咨询委员会负责开展重大前瞻性、战略性问题研究,对发展战略、规划和实施提出意见与建议,提供决策咨询和技术支持。引入社会中介机构,充实决策咨询支撑力量,定期开展产业链生态运行监测和风险评估。

三、强化部门协作机制

在产业链生态建设协调领导小组带领下,聚合产业链上下游相关主管部门组成推进专班,通过部门协同、园区协调、政企协同、企企协同,形成产业链生态建设工作的合力。统一各部门的认识和工作思路，在产业科技创新、要素协调、场景应用、空间优化等方面，全力统筹、精准施策。

四、健全考核评价机制

构建产业链生态统计监测分析指标体系，强化信息统计和发布，及时跟踪产业链生态成长演化态势，有效跟踪监测发展目标、主要任务和重点项目的实施情况，为有关决策提供参考。加强对有关部门、园区、平台、机构等的考核评价，按照"研究部署、全面实施、总结评价"三个阶段稳步推进产业链生态建设，明确各项关键工作节点时限、考核标准和责任单位，构建职责清晰、协调有序的责任体系。根据产业链生态建设情况，及时对有关规划和目标进行评估与调整，对明显偏离的任务及时提出修订方案。

第二节 促进产业链生态要素流动

一、成立产业链生态促进组织

在产业链生态建设协调领导小组指导下，组织区域内工信、发改、科技、财政、商务、人社等部门，联合企业、金融机构、科研机构、产业转化机构、中介机构、教育培训机构等，成立产业链生态促进组织，共同建立起技术、产品、业务创新方面的协同网络，以有效避免资源配置不当、过度竞争以及决策失误等问题。促进组织负责制定产业链生态建设的推进计划和阶段性目标，细化工作任务和具体措施，支撑要素集聚、技术创新、组织变革等重点任务的顺利实施。

二、鼓励链主企业牵头组建协同创新联合体

以关键核心技术攻关重大任务为牵引，由创新能力突出的链主企业牵头，政府部门紧密参与，组织产业链上下游优势企业、科研机构和高等院校，

共同组建协同创新联合体。联合体各参与单位法定代表人或授权人需共同签订组建协议,明确各方任务分工、权利义务等。建立健全产学研协同攻关、收益分配激励、知识产权共享等运行机制,充分激发各方协同创新活力。

三、鼓励大中小企业联合组建稳定配套联合体

指导重点企业建立核心配套企业和主要客户企业名录,梳理配套需求清单。协助重点企业与清单企业相互衔接、相互联系,使上游企业之间、下游企业之间以及上下游企业之间开展广泛合作,组建稳定配套联合体,推动产业链上中下游协同进步。开展产用、产融、人才、技术等线上线下对接,探索产业链生态内的资本、技术、产能、品牌等合作新模式。

第三节 开展试点示范和经验推广

一、持续开展产业链供应链生态体系建设试点

遴选典型城市开展产业链供应链生态体系建设试点,试点城市要通过机制创新、要素集聚、平台搭建、数智赋能和政策支持,推动区域产业链供应链生态体系迭代升级,形成龙头企业、配套企业、高等院校、科研院所、第三方平台、金融机构等协同联动、竞合共生的生态发展格局。探索形成"遴选试点—加强指导—资源倾斜—滚动评估—持续优化—推广应用"的工作推进模式,树立一批可复制、可推广的发展标杆。

二、做好典型案例和成功经验推广

开展产业链生态建设典型案例评选活动,采取单位自荐、主管部门推荐等形式进行申报,将在试点过程中对产业链生态建设工作有明显推动作用及对其他区域有借鉴意义、应用价值的典型做法和优秀实践案例进行评选,提炼工作亮点,总结优秀模式,进行宣传报道,助力全国产业链生态建设工作

迈上新台阶。

第四节 优化产业链生态环境

一、推动体制机制改革创新

深化要素市场化配置改革，处理好政府与市场的关系。发挥市场在资源配置中的决定性作用，全面激发各类市场主体的活力与动力，不断增强经济创新力和竞争力。加快推进政府职能转变，推进国资国企改革。完善现代市场体系，推进生态文明制度建设，加快建立健全以产业生态化和生态产业化为主体的生态经济体系，努力形成适应新常态要求的体制机制。

二、推进营商环境整体提升

以政务服务增值化改革为牵引塑造一流营商环境，拓展项目、政策、金融、人才、法治等领域增值服务，构建形成全天候、全过程、全市域的为企服务新生态。探索建立更具弹性的审慎包容监管制度，鼓励发展新产业新业态。强化知识产权保护，推进知识产权全链条保护集成改革，建立健全纠纷快速处理机制。

三、加大开放政策力度

积极吸引外资，建设统一开放、竞争有序的市场环境，加大服务力度，为外商投资、经营和发展做好服务工作，提高外汇管理、通关、出入境、就医、就学、生活等方面的便利化水平。鼓励企业走出去，引导有实力的企业以建设境外合作园区、生产加工基地、营销网络、对外承包工程及兼并收购等方式开拓国际市场。支持符合条件的优势企业在境外发行股票、债券，鼓励与境外企业开展多种形式的投资合作。

第二篇
代表性产业链
生态分析

第六章
我国打造新能源汽车产业链生态，
实现产业全球位势提升

新能源汽车产业已成为中国制造业的一张新名片，产销量连续 9 年稳居世界第一，占全球的比重超过 60%。而我国新能源汽车产业的高速发展离不开产业链生态的构建与逐步完善。我国新能源汽车产业链生态体系通过其内部各环节的紧密协作和对外部变化的灵活适应，有效提升了自身的专业性与生命力。这一生态体系不仅促进了技术创新和市场扩张，也为可持续发展和社会责任的履行提供了坚实基础，为全球汽车产业的转型升级做出了重要贡献。

第一节 我国新能源汽车产业链生态的组成特征

一、我国新能源汽车产业链生态的圈层特征

（一）以电池技术、电动驱动技术、电控系统、智能驾驶技术等关键技术为核心实现创新突破，为产业链生态的竞争力奠定基础

电池作为新能源汽车的核心组件，其技术发展对整个产业链至关重要。我国企业在电池能量密度、安全性、成本效率等方面取得了显著进展。例如，宁德时代推出的凝聚态电池等创新电池技术，单体能量密度高达 500Wh/kg，实现高比能与高安全性兼得——不仅提高了能量密度，也降低了安全风险。

电动驱动技术是新能源汽车的另一项关键技术。我国企业通过优化电机设计和控制策略，提高了电动汽车的驱动效率和性能。华为推出的三合一、多合一电动驱动系统，深度集成电机控制器（MCU）、永磁电机和减速器等，实现了功能的深度集成。

电控系统的优化对于提高新能源汽车的整体性能至关重要。我国企业在电控系统的集成和智能化方面取得了重要成果，如比亚迪、蔚来、理想、小鹏等均拥有独特的智能电控系统，不仅能够有效提高车辆的能源利用效率，也兼顾了驾驶体验的提升。

智能驾驶是新能源汽车的重要发展方向。我国企业在自动驾驶算法、传感器技术、车联网等方面进行了大量研发投入。例如，蔚来的 NOP（导航辅助驾驶）系统，通过集成高精度地图、传感器和控制算法，实现了特定条件下的自动驾驶。

我国新能源汽车企业在关键技术领域的专利布局和标准制定方面也展现出强大的竞争力。我国企业通过积极的研发投入和专利申请，保护技术成果，并在全球市场上构建了竞争壁垒。例如，宁德时代在电池技术领域的专利申请数量位居全球前列，不仅有效保护了电池技术的知识产权成果，也构建了其在全球市场上的竞争优势。同时，我国企业在新能源汽车相关标准的制定中也发挥着积极作用。通过参与国内外标准的制定，我国企业不仅推动了技术的国际化，也为全球新能源汽车产业的健康发展提供了技术指导。

我国新能源汽车产业的技术创新不仅依赖于自主研发，还涉及与国内外企业、研究机构的广泛合作。通过与国际先进企业和研究机构的合作，引入了大量先进的技术和管理经验。例如，比亚迪与多家国际知名企业的合作，不仅加速了技术的引进和融合，也提升了其产品的国际竞争力。同时，我国企业在自主研发方面的投入持续增加，通过建立研发中心、吸引顶尖人才，在电池材料、电动驱动系统等关键技术领域取得了重要突破。此外，我国企业通过收购并购的方式快速获取先进技术和市场资源。例如，吉利汽车通过收购国外知名品牌，快速提升了其在汽车领域的技术实力和品牌影响力。

（二）对原材料加工到整车组装的整个制造过程进行完善，提高连通性、有效性，保证产品的质量、成本和供应链效率

我国新能源汽车企业已经建立了全球化的制造网络。制造基地不仅覆盖国内各主要经济区域，也扩展到了海外市场，如比亚迪已在全球设立 30 多个工业园，实现六大洲的战略布局。这种全球化布局使得我国新能源汽车企业能够更有效地应对不同市场的需求，同时也降低了运输成本和时间成本。

我国企业通过引入先进的制造技术和自动化生产线，提高生产效率和灵活性。例如，激光焊接、自动化装配线等技术的应用，大大提高了生产效率和产品质量。智能制造也是我国新能源汽车产业的发展趋势之一，通过引入工业互联网、人工智能等技术，企业能够实现生产过程的智能化监控和控制，提高生产的灵活性和效率。例如，比亚迪常州工厂、淮安工厂等均大量配备了自动化系统与智能化系统，不仅大幅提升了生产效率，也成为其全球供应链的重要组成部分。此外，通过模块化设计和标准化生产，企业能够快速响应市场变化，调整生产计划。组装线上的标准化工序减少了过程异常，标准化零部件的应用提高了设计复用程度。这些举措不仅提升了生产效率，还有利于后期维护成本的降低。

供应链管理在新能源汽车产业中扮演着至关重要的角色。有效的供应链管理不仅能够降低成本，还能提高企业响应市场变化的能力。一方面，我国新能源汽车企业正在积极推进供应链的数字化转型。通过引入先进的信息技术，如大数据分析、云计算等，实时监控供应链状态，优化库存管理，降低运营成本。另一方面，面对原材料价格波动和供应不确定性，我国企业采取了多元化采购策略。例如，宁德时代与全球多个锂矿企业建立了合作关系，确保锂资源的稳定供应。同时，与关键供应商建立长期稳定的合作关系，也是我国新能源汽车企业供应链管理的另一个重要策略。这种合作关系不仅保证了原材料和零部件的稳定供应，也促进了技术交流和协同创新。

在新能源汽车产业中，产品的质量安全是消费者最为关注的问题之一。我国新能源汽车企业建立了严格的质量管理体系，通过全面的质量控制和检测流程，确保每一辆车的使用性能和安全性能符合标准。在电池安全、车辆碰撞测试等方面，我国企业遵循国际标准，甚至在某些方面超越国际标准。例如，宁德时代的电池产品通过了严格的安全测试，确保了电池在极端条件下的安全性能。

（三）不断提升客户体验，创新服务模式，助力企业提高市场认可度与客户忠诚度

我国新能源汽车企业的客户服务正逐渐从单纯的汽车销售转向提供全生命周期的服务，包括售前咨询、定制化购车体验、售后维修保养、软件升级等一系列服务。例如，蔚来的"服务无忧"计划，提供了包括保险代办、代理赔、维修保养等在内的全方位服务，极大地提升了客户满意度和品牌忠诚度。为了更好地服务客户，我国新能源汽车企业正在积极扩展服务网络，包括在全国范围内建立服务中心、维修站点、充电站等设施。例如，蔚来在国内建立了广泛的超级充换电网络，为车主提供便捷的充换电服务。此外，我国新能源汽车企业通过创新服务模式来满足客户的多样化需求。例如，在服务中应用 AR 远程诊断解决方案，打破传统的故障解决方式，利用 AI 算法、AR 虚拟叠加技术、云计算等多种技术，实现诊断辅助、过程记录、AR维修指导等辅助维修功能，提升维修效率，用科技赋能服务，为客户的用车体验保驾护航。一些企业还提供了车辆共享、租赁等灵活的使用方案，满足不同客户的需求。

充电设施的建设是推动新能源汽车普及的关键因素之一，我国在此方面做出了巨大的努力。我国政府和企业正在加快充电基础设施的建设，包括在城市中心、高速公路服务区、住宅区等地建立充电站。例如，国家电网和南方电网等大型国有企业在全国范围内建设了大量的充电站，为新能源汽车的普及提供了基础设施支持。除了传统的充电站，我国企业还在探索智能充电解决方案。例如，蔚来推出了换电站，能在几分钟内实现电池的更换，大大提高了充电的便利性。此外，一些企业还在研发无线充电技术，未来有望进一步提升充电的便利性。

优质的售后服务是提升客户满意度和品牌忠诚度的关键，我国新能源汽车企业在此方面做出了许多创新和努力。企业建立了专业的售后服务团队，提供维修、保养、咨询等服务，这些服务团队不仅具备专业的技术能力，还能提供个性化的服务，满足客户的不同需求。为了提升客户的品牌忠诚度，许多企业推出了客户关怀计划，包括定期的客户活动、节日礼物、优先购车权等，增强了客户与品牌之间的情感联系。

（四）新能源汽车销售策略制定、市场拓展和建立消费者接触点等方式更加多样化

我国新能源汽车企业采用了包括传统经销商、直销、线上销售、体验店等在内的多种销售渠道。这种多渠道策略不仅扩大了销售网络，也提高了品牌的可见度和消费者的购买便利性。例如，蔚来的 NIO House 不仅是销售中心，也是品牌体验和社区活动的场所。华为、极狐等车企也纷纷与线下百货商场达成合作，在商场内开设新能源汽车展厅。同时，我国新能源汽车企业密切关注市场趋势和消费者偏好的变化，通过市场研究，企业及时调整产品策略，满足市场需求。例如，针对消费者对电动汽车续航里程和智能化功能的关注，企业不断优化产品性能，增加智能化元素。此外，强化品牌形象和进行有效的市场推广是吸引消费者的关键。我国新能源汽车企业通过各种营销活动、社交媒体推广和公关活动，提升品牌知名度和吸引力。例如，通过参与高科技展会和线上互动活动，塑造高科技新能源汽车品牌形象。

随着市场的发展，消费者对新能源汽车的需求越来越多样化和个性化，我国新能源汽车企业在产品开发上也展现出了强大的适应性和创新能力。企业根据不同市场和消费者群体的需求，推出了多样化的产品线。从高端市场到大众市场，从城市通勤车到长途旅行车，企业提供了丰富的选择以满足不同消费者的需求。例如，理想针对中国家庭用户推出的 L9，凭借适合家庭使用的设计和功能，受到了市场的欢迎。除了产品多样化，企业还提供定制化服务，让消费者能够根据自己的喜好和需求定制汽车，这种服务不仅提升了用户体验，也提升了消费者对品牌的忠诚度。

有效的市场推广和宣传策略对于新能源汽车品牌的成功至关重要，我国新能源汽车企业在此方面展现出了创新活力和策略多样性。利用数字媒体和社交平台进行市场推广，已成为我国新能源汽车企业的重要策略之一。通过社交媒体营销、在线广告、影响者合作等方式，企业能够有效地触达目标消费者群体。同时，通过组织各种品牌活动和体验营销活动，增强品牌与消费者之间的互动和情感联系。例如，举办新车发布会、用户聚会、试驾活动等，企业直接与消费者互动，提升品牌形象。

　　了解并适应消费者的偏好和反馈是新能源汽车企业持续发展的关键。通过市场调研等方式，企业能够深入了解消费者的需求和偏好，这些信息对于指导产品开发和市场决策至关重要。例如，通过定期的客户调研、在线反馈等方式，结合抖音、小红书等新媒体进行群体消费洞察，企业能够及时了解消费者的反馈，并将这些反馈用于产品和服务的持续改进。

（五）通过完善和强化企业的管理体系、市场调节策略以及对外部变化的适应能力等，保持产业链生态的稳定性和竞争力

　　我国新能源汽车企业通过建立完善的管理体系，确保组织结构的高效运作和决策的快速响应，包括内部管理的优化、决策流程的简化以及跨部门协作的加强等。例如，比亚迪在其快速发展过程中，不断优化组织结构和管理流程，以提高决策效率和市场响应速度。此外，我国新能源汽车企业通过预测市场环境和消费者需求，及时调整产品路线图和市场策略。例如，面对市场竞争和技术变革，蔚来、小鹏等及时调整了产品和服务，以更好地满足市场需求。在面对市场波动和外部挑战时，企业需要采取灵活的市场策略来应对，包括产品定价策略的调整、市场推广活动的优化以及新市场的开拓等。例如，面对国际市场的竞争，我国新能源汽车企业通过调整出口策略和加强海外品牌建设，成功进入多个国际市场。

　　在新能源汽车产业链生态中，与供应商、经销商和其他合作伙伴建立稳定和互利的关系至关重要。我国新能源汽车企业通过与供应商、技术合作伙伴和经销商建立长期稳定的合作关系，共同推动产业链的发展。这种合作关系不仅有助于保障原材料和零部件的供应，也促进了技术和市场信息的共

享。企业通过与合作伙伴共同开发新技术、共享市场资源，实现协同发展。例如，宁德时代与汽车制造商共同研发适合特定车型的电池系统，实现了技术和市场资源的共享。

政府的支持政策在推动我国新能源汽车产业发展中发挥了重要作用。我国政府通过一系列政策措施，如财政补贴、税收优惠、研发资助等，大力支持新能源汽车产业的发展。这些政策不仅降低了企业的运营成本，也激励了市场的发展和技术的创新。政府还通过建立激励机制，鼓励企业进行技术创新和市场拓展。例如，对于在新能源汽车领域取得重大技术突破或成功开拓新市场的企业，政府会提供额外的支持和奖励。

随着新能源汽车产业的发展，我国政府也在不断完善相关的法规和标准，以支持产业的健康发展。为了保障新能源汽车的安全性，政府制定了一系列严格的安全测试标准，这些标准不仅提高了整个行业的安全水平，也提升了消费者对新能源汽车的信任。政府还在努力推动行业标准的统一，以促进产业的健康竞争和可持续发展。例如，统一的充电接口标准、电池回收标准等，有助于降低企业的运营成本，同时也方便了消费者的使用。

二、我国新能源汽车产业链生态的流动特征

（一）材料、器件等随着采购、生产、测试、分销等过程流动，其运转水平对新能源汽车企业提高生产效率、降低成本、提升市场响应速度至关重要

原材料的采购是物质流的起点，直接影响整个产业链生态的运作效率和成本控制。鉴于新能源汽车所需原材料（如锂、钴、稀土等）的全球性分布，我国企业建立了广泛的全球采购网络。这不仅确保了原材料供应的稳定性，也有助于风险分散和成本控制。管理供应商关系是原材料采购的关键，企业通过建立长期稳定的合作关系，实现原材料供应的稳定性和价格的合理性。

在制品物流是指原材料经过初步加工后，在不同生产环节之间的物流转运。在制品物流的高效管理对于缩短生产周期、降低库存成本至关重要。通

过优化物流路径、提高物流效率，企业能够降低在制品的转运成本和时间成本。利用先进的信息技术，如物联网、大数据分析等，企业能够实时监控物流状态，优化库存管理，提高物流效率。例如，比亚迪通过建立智能物流系统，实现了在制品的实时追踪和库存优化。

成品分销是物质流的终点，涉及将成品从生产基地运输到市场的过程。构建高效的分销网络是确保产品快速到达市场的重要前提。通过在关键市场建立物流中心，优化运输路线，企业能够降低分销成本，提高市场供应的及时性。企业采用多种物流方式（如陆运、海运等）来适应不同市场的需求，这种多模式物流策略提高了分销的灵活性和效率。成品出厂后进入精益化的物流体系，实现工厂、仓储、运输的信息互联；应用 RFID、GPS 进行实时跟踪，在保证产品快速交付给经销商和用户的同时，也提高了全链条的协调效率。

（二）资金、政策支持等非物质资源的流动，是我国新能源汽车产业链生态得以运行、进化的支撑

资金是推动新能源汽车产业发展的重要动力，涉及研发、生产、市场推广等各个环节。我国新能源汽车企业通过多种渠道筹集资金，包括上市融资、私募股权投资、银行贷款等。例如，小鹏通过在美国纽约证券交易所上市成功筹集资金，支持自身研发和生产扩张。政府也通过提供财政补贴、税收优惠等政策支持新能源汽车产业的发展，这些政策降低了企业的运营成本，激励了市场的发展和技术的创新。风险投资和私募股权投资也是新能源汽车企业重要的资金来源，这些投资不仅提供了资金支持，也带来了管理经验和市场资源。

政府在新能源汽车产业链生态中扮演着关键角色，政策扶持为产业的发展提供了方向和动力。我国政府通过一系列政策措施，如新能源汽车购置补贴、充电基础设施建设支持等，为产业发展提供了强有力的政策支持。政府还提供研发资助，鼓励企业进行技术创新，这些资助不仅降低了企业的研发成本，也加速了新技术的商业化进程。

供应链金融是新能源汽车产业链生态中的重要组成部分，帮助企业优化资金流动和降低运营成本。企业通过供应链融资解决资金流动性问题，提高供应链的效率。例如，企业通过应收账款融资或预付款融资，提前获得资金，加快生产和销售周期。企业与银行及其他金融机构合作，获得贷款和信用支持，这些合作不仅提供了资金支持，也降低了融资成本。

资金流动的有效管理对于企业的盈利能力和长期发展非常关键。企业通过有效的成本控制和资金管理，实现利润最大化，包括优化生产流程、降低原材料成本、提高运营效率等。企业将获得的利润用于再投资，包括研发新技术、扩大生产规模、开拓新市场等，形成良性的资金循环。

（三）技术、市场、管理等相关信息的收集、处理和传播，对提高决策效率、促进技术创新、优化市场策略至关重要

技术信息流是新能源汽车产业链生态中信息流的核心，涉及技术研发、创新和应用的信息交流。企业通过内部研发团队和外部合作伙伴的共享机制，加速技术信息的流通和应用。例如，制造企业在电池技术和电动驱动技术方面的研发成果，可以通过内部共享平台快速传播到相关部门，加速产品的迭代更新。企业通过与科研机构、高校和其他企业的合作，可以获取最新的技术信息和研发成果。例如，蔚来与中科大等国内外多所高校和研究机构建立了合作关系，共同进行自动驾驶和智能网联技术的研发。

市场信息流对于企业制定市场策略和调整生产计划至关重要。企业通过收集和分析市场数据，如销售数据、消费者行为信息、竞争对手动态等，及时了解市场趋势和消费者需求。同时，企业通过社交媒体、客户调研等方式收集消费者的意见和建议，了解消费者的真实需求和偏好，这些信息是产品开发和服务优化的重要指导。

管理信息流涉及企业内部的组织结构、决策流程、人力资源等信息的流

通。有效的内部沟通机制确保了信息在不同部门和层级之间的快速流通。例如，宁德时代通过建立高效的内部沟通平台，加强了不同部门之间的协调和合作。企业通过建立决策支持系统，如数据分析平台、业务智能系统等，获取准确的信息支持，帮助管理层做出更加科学的决策。

信息技术的应用是提高信息流流转效率的关键。企业通过数字化转型，如引入 ERP 系统、CRM 系统、大数据分析等，实现了信息流的高效管理。这些系统不仅提高了信息处理的效率，也提升了信息的准确性和可用性。应用人工智能、机器学习等技术，企业能够更加智能地处理和分析信息，从而提高决策的效率和准确性。例如，通过应用机器学习算法分析市场数据，企业能够更准确地预测市场趋势和消费者行为。

（四）通过原材料的价值转化、产品制造的增值环节，以及品牌和服务的价值提升等，有效实现从原材料到成品的跨越式增值

价值创造是新能源汽车产业链生态中的核心活动，涉及原材料的加工、产品的设计和制造，以及最终产品的销售。原材料在经过加工和组装后转化为具有更高价值的成品。例如，锂、钴等原材料通过精密的加工成为电池组件，这一过程显著提升了原材料的价值。在产品制造过程中，通过先进的制造技术和高效的生产流程，企业能够进一步提高产品的附加值。例如，通过采用自动化生产线和精益生产方法，企业能够提高生产效率、降低成本，同时提升产品质量。除了物理产品本身，品牌和服务也是价值创造的重要组成部分，强大的品牌和优质的服务能够提升产品的市场价值和消费者的购买意愿。理想、蔚来等新能源车企从无到有，通过各种方式成功建立了品牌并获得了价值提升和市场认可。

识别并优化产业链中的关键增值环节是提升产品价值和市场竞争力的关键，技术创新是提升产品价值的重要途径。通过不断的研发投入和技术创新，企业能够开发出具有竞争优势的新产品，满足市场的需求。例如，宁德时代通过持续的研发投入，开发出了更高能量密度、更安全的电池产品。品牌是企业的无形资产,对提升产品价值至关重要。通过有效的市场推广活动,企业能够提升品牌知名度和美誉度,从而提高产品价值。服务创新也是提升产品价值的重要途径。通过提供创新的服务,如个性化定制、智能化服务等,企业能够提升用户体验,增加产品的附加值。例如,问界汽车通过提供智能化的车联网服务,提升了用户的驾驶体验。

优化价值链是提高企业竞争力和市场份额的关键。通过优化供应链管理,企业能够降低成本,提高效率,从而提升产品价值。例如,通过建立稳定的供应商关系和采用精益生产方法,企业能够降低生产成本,提高生产效率。准确的市场定位和有效的市场策略对于提升产品价值至关重要。企业通过分析市场需求和竞争格局,制定合适的产品定位和市场策略,以满足市场需求,提升产品的市场价值。

三、我国新能源汽车产业链生态的要素特征

(一)产业链生态各主体井然有序,核心制造商引领市场,关键供应商确保供应链稳定,经销商和服务提供商进行市场推广和客户服务

核心制造商在新能源汽车产业链生态中占据主导地位,其策略和行为对整个产业链生态有着深远的影响。核心制造商如比亚迪、蔚来、小鹏等,通过持续的技术创新和强大的品牌建设,成为市场的领导者。他们不仅推动了产品的技术进步,也塑造了消费者对新能源汽车的认知。这些企业通过灵活多样的市场策略,如新产品开发、国际市场扩张等,不断扩大市场份额和影响力。

关键供应商如电池制造商、电控系统提供商等,在产业链生态中扮演着至关重要的角色。供应商通过提供高质量的组件和技术支持,保证整个产业链生态的稳定运作。例如,宁德时代作为全球领先的电池制造商,不仅保证了电池供应的稳定性,也通过技术创新支持了下游企业的产品升级。关键供应商通过与核心制造商建立紧密的合作关系,共同推动产业链生态的发展。

这种合作关系不仅提高了供应链的效率，也促进了技术和市场信息的共享。

经销商和服务提供商在市场推广和客户服务中发挥着关键作用。经销商通过建立销售网络，为消费者提供便捷的购车渠道。服务提供商如充电站运营商、维修服务商等，通过提供优质的服务，提升了消费者的购车体验和品牌忠诚度。经销商和服务提供商作为产业链生态中产品与市场之间的桥梁，能够及时收集市场反馈和消费者需求，为制造商提供宝贵的市场信息。

中国新能源汽车产业链生态的主要竞争对手包括国外新能源汽车制造商以及国内外传统汽车制造商。竞争对手之间的市场竞争促进了整个行业的技术创新和服务提升。例如，特斯拉作为国际新能源汽车市场的领导者，其创新产品和市场策略对中国本土企业构成了挑战，激励着中国企业加快技术创新和市场扩张。在竞争的同时，企业之间也存在合作的可能性，通过技术共享、市场合作等方式，竞争对手之间可以实现资源优化配置和共赢发展。同时，如大众、宝马等传统车企也在进行电动化转型，带来更激烈的市场竞争。

（二）产业链生态涵盖从原材料供应、零部件制造、整车组装到销售和服务全过程，具有高度集成和技术驱动的典型特征

原材料供应是产业链生态的起点，主要包括电池材料（如锂、钴、镍）、电子元件、其他金属材料等。我国在这一环节具有显著优势，特别是在材料的供应方面，拥有丰富的资源和成熟的供应链体系。零部件制造是产业链生态中的关键环节，包括电池、电机、电控系统等核心部件的制造。我国的零部件制造业已经形成了较为完善的产业体系，具有较强的设计和制造能力。整车组装是将各种零部件集成为完整的新能源汽车。我国的整车制造商如比亚迪、蔚来、小鹏等，不仅在国内市场占据重要地位，也在国际市场上展现出强劲的竞争力。经销商和服务提供商负责将整车销售给最终消费者，并提供售后服务，他们直接面对市场，对市场趋势和消费者需求有着深刻的理解。

我国新能源汽车产业链生态的关键技术包括电池技术、电动驱动系统、智能网联技术等，这些是产业链生态的技术核心，对产业链的竞争力有着决定性影响。电池是新能源汽车的核心组件，影响着车辆的续航里程和性能。我国在电池技术方面具有明显优势，拥有宁德时代等世界领先的电池制造商，同时在电池材料的研发和生产方面也处于世界领先地位。电动驱动系统包括电机、变速器等关键部件，是实现车辆动力的核心。我国企业在这一领域已经取得了显著进展，能够独立设计和制造高效能的电动驱动系统。智能网联是新能源汽车的重要发展方向，涉及车联网、自动驾驶等技术。我国在这一领域正快速追赶国际先进水平，已有多项突破性技术的应用。

产业链生态的优化和各环节间的协同合作是提升产业链整体效率和竞争力的关键。一些企业通过垂直整合策略，控制从原材料供应到整车组装的整个产业链，这种策略有助于降低成本、提高效率，但也增加了企业的运营复杂性。企业之间的横向合作，如技术共享、联合研发等，能够加速技术创新，降低研发成本。例如，宁德时代与多家汽车制造商合作，共同开发适应不同车型的电池系统。通过建立紧密的供应链协同关系，企业能够实现资源共享、风险共担。这不仅提高了供应链的稳定性，也增强了企业应对市场变化的能力。

尽管我国新能源汽车产业链在多个环节具有优势，但也面临着一系列挑战和机遇。主要挑战包括原材料价格的波动、国际市场的竞争、技术创新的压力等。原材料价格的波动可能影响整个产业链的成本控制；国际市场的竞争要求我国企业不断提升产品质量和品牌影响力；技术创新的压力要求企业持续投入研发，保持技术优势。机遇包括国内外市场的快速增长、政府政策的支持等。随着全球对新能源汽车需求的增加，我国企业有机会扩大市场份额；而政府的支持政策为产业发展提供了良好的环境。

（三）跨企业、跨产业链合作为新能源汽车产业链生态带来了新的动力和可能性，同时也带来了协同的复杂性和技术标准化的挑战

我国新能源汽车产业链生态中参与者众多且关系复杂，不同参与者之间形成了纵向分布的产业链，而不同的产业链纵横交错，形成了错综复杂的网络。同时，新能源汽车产业链也与能源产业链、互联网产业链等形成了深度的合作关系，延伸了产业链。

我国新能源汽车产业链生态中不同车企之间的融合和协同是产业发展的重要特征。在我国新能源汽车市场，不同车企如比亚迪、蔚来、小鹏等在进行竞争的同时，也在某些领域展开合作。例如，它们共同推动电动汽车充电标准的制定，或在电池回收和利用方面进行合作。车企之间通过共享资源和技术，提高了整个产业链生态的效率。例如，一些车企通过共享供应链资源，实现了成本降低；在自动驾驶和车联网技术方面的合作，加速了技术的发展和应用。不同车企通过产业链生态协同创新，共同推动新技术的研发和市场应用。这种协同不仅限于车辆制造，还扩展到了智能化、电动化的各个方面。

新能源汽车产业链与其他产业链的融合，是推动产业发展的重要动力。新能源汽车产业链与能源产业链的融合尤为显著。例如，电动汽车的普及推动了充电基础设施的建设，与智能电网的整合提高了能源利用效率。而信息技术产业的发展为新能源汽车带来了新的机遇。车联网、大数据、人工智能等技术的应用，使得新能源汽车不仅是交通工具，更成为智能移动平台。跨行业合作模式在新能源汽车产业链生态中日益普遍。例如，汽车企业与百度、滴滴等科技公司合作开发自动驾驶系统，与电信企业合作提升车联网服务能力。

在不同产业链之间的融合与协同中，我国新能源汽车产业链生态面临着一系列挑战和机遇。主要挑战包括跨行业合作的复杂性、技术标准有待统一、数据安全和隐私保护等。不同产业背景的企业需要克服合作中的文化和技术差异，共同推动产业链的发展。机遇在于通过跨行业融合，产业链能够实现资源和技术的互补，加速创新。同时，这种融合也为企业打开了新的市场和业务模式，如基于数据的增值服务、新的出行解决方案等。

第二节 我国新能源汽车产业链生态的作用机制

一、研发资金的筹集、研发团队的建设、有效的激励机制、明确的研发导向以及高效的推进体系，使新能源汽车产业链生态持续进化

资金是技术创新的基础，对于新技术的研发至关重要。我国新能源汽车企业通过多渠道筹集研发资金，包括政府补贴、市场融资、内部留存利润等。例如，比亚迪、蔚来等企业通过资本市场融资，为其技术创新提供了充足的资金支持。2022 年，比亚迪全年研发投入达到 202 亿元，同比增长 90.31%，而蔚来五年内在研发领域的投入也已超 300 亿元。投入海量研发资金的同时，企业也需要有效地利用这些资金，投入关键技术领域，如电池技术、电动驱动系统、智能网联技术等，资金的有效利用不仅加速了技术的研发进程，也提高了研发的成功率。

强大的研发团队是技术创新的主要执行者。企业通过引进国内外顶尖人才和加强内部人才培养，建立了高水平的研发团队。例如，宁德时代吸引了一批电池技术方面的专家，加强了其在电池技术领域的研发能力。研发团队的多元化和跨学科协作能力对于复杂技术问题的解决至关重要，企业鼓励工程师、科学家和市场专家之间的协作，以促进创新思维的碰撞。

有效的激励机制能够激发研发团队的创新热情和潜力。企业通过提供竞争性的薪酬、股票期权、职业发展机会等物质激励，以及公开表彰、创新文化的培养等精神激励，激发员工的创新动力。长效激励方案，如股权激励、绩效奖金等，能够使员工与企业的长期发展目标保持一致，促进持续的技术创新。

明确的研发导向和高效的推进体系是技术创新的关键。企业需要制定清晰的研发战略规划，明确技术创新的方向和重点，涉及对市场需求的准确把握、技术发展趋势的预判以及与企业整体战略的对接。高效的项目管理和严格的进度控制对于研发项目的成功至关重要，企业通过建立项目管理体系，确保研发项目按计划推进，及时调整和优化研发方向。

对市场需求的敏锐洞察和快速响应是推动技术创新的另一关键因素。企业通过市场调研、消费者反馈、行业趋势分析等方式，持续探索市场需求，有助于企业确定研发的重点和方向，确保技术创新与市场需求紧密对接。快速响应市场变化和消费者需求的机制能够使企业在竞争中保持优势。例如，面对消费者对电动汽车续航里程的关注，企业加快了对高能量密度电池技术的研发。

技术创新不仅影响企业自身的竞争力，也对产业链整体和相关产业产生深远的影响。企业的技术创新推动了整个行业的技术水平提升，促进了新能源汽车产业的整体发展。技术创新还促使上下游企业加速技术改造和管理创新，提高整个产业链的技术水平和竞争力。

二、政策资源、资金资源、人力资源以及原材料与能源等资源的充分供给与有效保障，为新能源汽车产业链生态的稳定奠定了基础

政策资源是新能源汽车产业发展的重要外部支持。我国政府通过一系列政策措施支持新能源汽车产业，包括财政补贴、税收优惠、研发资助等，这些政策降低了企业的运营成本，激励了市场的发展和技术的创新。而稳定的政策环境为企业提供了可预测的发展空间，政府对新能源汽车产业的持续支持，为企业的长期发展提供了坚实的基础。营商环境的持续改善也是重要支撑力。政府致力于持续改善营商环境，包括简化行政审批流程、保护知识产权、提高市场透明度等，这些措施提升了企业的经营效率和市场信心。同时，政府在基础设施建设方面的投入，特别是在充电站网络、智能交通系统等方面的建设，为新能源汽车的普及和运营提供了必要的物理基础。

资金是推动产业链生态各环节运转的重要资源。我国新能源汽车企业通过多种渠道筹集资金，包括上市融资、银行贷款、私募股权投资等。这些资金的筹集对于企业的研发投入、生产扩张和市场推广至关重要。企业需要有效地管理和使用这些资金，确保资金的高效利用，通过精确的预算管理和投资决策，最大化资金的使用效益。

我国新能源汽车产业链的发展离不开强大的人力资源支撑，其中教育体系在人才培养方面发挥着关键作用。我国的高等教育体系，特别是工程和技术类院校，为新能源汽车产业输送了大量技术人才。这些院校通过与产业界的紧密合作，确保教育内容与行业需求紧密对接，培养出具有实际工作能力的毕业生。职业教育和技术培训在提升技术工人和中层管理人员的技能方面起着重要的作用。针对新能源汽车产业的特定需求，许多职业学校和培训机构开设了相关课程，如电动汽车维修、电池技术等。我国政府鼓励高校、研究机构与企业之间开展合作，共同进行技术研发和人才培养。这种合作模式加速了技术成果的转化，并为学生提供了实践经验，增强了他们的就业竞争力。

原材料的稳定供应是保证产业链生态顺畅运转的基础。作为全球最大的新能源汽车市场之一，我国的矿产资源在支持新能源汽车产业链生态发展中扮演着至关重要的角色。我国拥有丰富的锂、钴、稀土等关键矿产资源，是制造电池和电动机等核心部件的重要原材料。同时，为了降低对单一供应商或资源的依赖，众多新能源汽车企业也采取了多元化采购策略。通过与多个供应商建立长期合作关系，企业能够确保原材料的稳定供应，降低市场波动对原材料供应的影响。

资源支撑力的综合效应体现在产业链生态的稳定性、创新能力和市场竞争力的提升上。充足的资源支撑确保了产业链生态各环节的稳定运作，无论是原材料的供应、资金的流动，还是人才的支持，都是保持产业链生态稳定的关键。充足的资源支撑还为企业的技术创新提供了坚实的基础，通过持续的研发投入和人才培养，企业能够不断推出创新产品，提升技术水平。稳定的资源支撑使企业能够更好地应对市场变化和竞争挑战，通过有效的资源管理和利用，企业能够提高市场响应速度，增强市场竞争力。

三、市场需求与国际贸易环境变化、社会认知提高、竞争格局调整以及技术革新等外界扰动的存在，为新能源汽车产业链生态带来了机遇与挑战

随着全球对环保和可持续发展的日益重视，新能源汽车市场规模不断扩大，为产业链生态提供了广阔的发展空间。随着消费者环保意识的提升和政府政策的支持，新能源汽车的市场需求持续增长，为产业链生态各环节带来了新的发展机遇。同时，为满足不断扩大的市场需求，企业需要不断创新和推出多样化的产品，促使企业加快技术研发和生产流程的优化。

国际贸易环境的变化，特别是贸易保护主义的兴起和国际关系的波动，对我国新能源汽车产业链生态的发展构成了挑战。国际贸易环境的不确定性影响了企业的出口策略和国际市场布局，企业需要灵活调整国际市场策略，以应对可能出现的贸易壁垒和关税问题。同时，面对国际贸易环境的变化，企业需要优化自身全球供应链，减少对某一市场或供应商的依赖，以降低风险。

社会对新能源汽车的认知度和接受度的提高，为产业链生态的发展提供了良好的社会氛围。随着对新能源汽车认知的提升，消费者对于电动汽车的接受度越来越高，促进了新能源汽车市场的快速发展。民众对环保和可持续发展的关注，推动了政府和企业在新能源汽车领域的投入和创新。

新能源汽车市场的竞争日益激烈，传统汽车企业和新兴企业之间的竞争格局不断变化。新兴的新能源汽车企业如蔚来、小鹏等，通过技术创新和市场策略的差异化，对传统汽车企业构成了挑战。面对新能源汽车市场的增长，传统汽车企业如一汽、北汽等，也在加快转型步伐，投入新能源汽车的研发和生产。

技术革新是推动新能源汽车产业链生态发展的重要动力。诸如固态电池、无线充电、车联网等新技术的发展，为新能源汽车产业链生态带来了新的发展机遇，企业需要不断探索和应用这些新技术，以提升产品的竞争力。在激烈的市场竞争和技术进步的推动下，企业加快了技术创新的步伐，不仅提升了产品的性能，也降低了成本。

外界扰动力对新能源汽车产业链生态的影响是多方面的，既带来了挑战，也提供了机遇。市场需求的增长和技术革新的加速，共同推动了新能源汽车产业链生态的快速发展。面对外部环境的变化，企业需要灵活调整策略，如优化供应链管理、加强技术创新、调整市场布局等，以应对挑战，抓住发展机遇。

第三节　我国新能源汽车产业链生态的演化特性

一、动态性：能够快速适应市场变化、保持竞争力

市场需求的变化是推动新能源汽车产业链生态发展的主要因素。面对市场需求的波动，企业需要快速调整生产线。例如，在新能源汽车市场需求增长时，企业通过增加生产线、引进先进设备来提高产能。企业也需要根据市场趋势和消费者需求的变化，及时调整产品策略。例如，针对消费者对电动汽车续航里程和智能化功能的关注，企业加快了相关技术的研发和产品的更新。

技术的快速发展要求新能源汽车产业链生态具备高度的适应能力。企业需要及时采纳和应用最新的技术，以保持产品的竞争力。例如，固态电池、无线充电技术的发展为新能源汽车产业链生态发展带来了新的机遇。企业的研发体系需要具备高度的灵活性和适应性，以快速响应技术变化，包括跨学科团队的建设、快速的决策流程和开放的创新文化。

消费者行为的变化对新能源汽车产业链生态的产品设计和市场策略有

着直接影响。企业需要对消费者行为的变化保持敏感，如对共享出行、绿色出行的趋势适应，以及调整产品策略以满足新的消费模式。通过市场调研和客户反馈机制，企业能够快速了解并响应消费者的需求，有助于企业及时调整产品功能和服务，提升客户满意度。

产业链生态的动态性对于企业在竞争激烈的市场中保持领先非常重要。动态性使企业能够更好地适应市场变化，把握市场机遇，从而增强市场适应能力和竞争力。同时，动态性还促进了企业的持续创新，面对不断变化的市场和技术环境，企业需要不断创新，以适应新的挑战和需求。

二、开放性：面对外部合作、竞争和市场扩张保持开放态度和适应能力

国际合作和市场扩张是新能源汽车产业链生态开放性的重要体现。我国新能源汽车企业通过与国际伙伴的合作项目，如联合研发、技术交流等，获取全球资源和先进技术。企业积极探索国际市场，通过出口或在海外建立生产基地，拓宽市场范围，不仅增加了企业的市场份额，也提升了品牌的国际影响力。

新能源汽车产业链生态的开放性还体现在与其他行业的跨界融合上。新能源汽车产业与能源产业的融合，特别是在充电基础设施和智能电网方面的合作，对于推动产业的发展至关重要。信息技术的发展，如大数据、人工智能等，为新能源汽车产业带来了新的发展机遇。企业通过与信息技术企业的合作，推动智能汽车和车联网技术的发展。

适应不同国家和地区的政策环境是新能源汽车产业链生态开放性的另一个重要方面。企业在国际市场的运营需要遵守当地的法律法规，包括环保标准、安全规范等，这要求企业具备灵活适应不同市场环境的能力。同时，企业需要充分利用各国政府对新能源汽车的支持政策，如补贴、税收优惠等，来优化运营和提升竞争力。

开放性对新能源汽车产业链生态的发展具有深远的影响。开放性促进了

资源和技术的全球共享，加速了技术创新和产品升级。通过国际合作和市场扩张，企业能够实现市场多元化，分散市场风险，提高整体的市场稳定性。开放性还有助于促进产业链生态内各环节的协同发展，提高整个产业链生态的竞争力和创新能力。

三、进化性：随着技术、市场和政策环境的变化不断完善和强化自身

技术的不断进步是推动新能源汽车产业链生态进化的主要动力。电池技术的发展，如能量密度的提高、成本的降低，直接影响新能源汽车的性能和市场竞争力，企业需要不断研发更高效、更经济的电池技术，以适应市场的需求。智能化和自动驾驶技术的发展为新能源汽车带来了新的发展方向，企业通过投资研发，推动智能网联和自动驾驶技术的应用，提升产品的科技含量和吸引力。

随着市场和技术的变化，新能源汽车产业链生态的商业模式也在不断进化。从单一的产品制造商转变为综合的服务和解决方案提供者，新能源汽车企业不仅销售汽车，还提供充电、维修、数据服务等一系列增值服务。共享经济、体验经济等新业态的兴起为新能源汽车产业带来了新的商业模式。

新能源汽车产业链生态随着技术和市场需求的变化而不断发展和完善。随着新技术的应用和市场的发展，产业链生态中企业之间的合作更加紧密，形成了更加整合和协同的产业链生态。新技术和新市场的出现吸引了更多的参与者加入产业链生态，如软件开发商、数据服务提供商等，这些新参与者为产业链生态带来了新的活力和创新潜力。

四、可持续性：持续构建长期健康发展能力

通过政府与企业的共同努力，我国新能源汽车产业链生态已逐步走向成熟，摆脱了补贴等依赖。而技术与市场的培育，使得新能源汽车产业形成了健康可持续的发展前景。同时，为了应对市场波动和不确定性，我国新能源

汽车企业正在努力实现市场多元化，减少对单一市场的依赖。此外，通过有效的风险管理策略，如供应链多元化和金融工具的运用，来降低运营风险。多种因素的叠加，使得我国新能源汽车产业链生态正在向着更加健康、稳定和可持续的方向发展。

环保和节能是新能源汽车产业链生态可持续性的核心要素。企业在生产过程中采取措施减少废气排放和污水排放，使用环保材料，减少对环境的影响。企业通过采用高效的生产技术和能源管理系统，提高能源利用效率，降低能源消耗。循环经济模式在新能源汽车产业链生态中越来越受到重视，电池的回收和再利用是新能源汽车产业链生态中的重要环节，企业通过建立电池回收体系，实现电池的有效回收和再利用，减少资源浪费。

企业在追求经济效益的同时，也承担着对社会的责任。企业通过参与公益活动，如环保宣传、教育支持等，展现其对社会的责任和贡献。企业关注员工的福利和成长，同时积极参与社区发展，促进和谐社会的建设。

面对全球气候变化和资源紧缺的挑战，可持续性为新能源汽车产业链生态发展带来了新的机遇。通过可持续性的实践，企业能够更好地应对全球气候变化和资源紧缺的挑战，提升企业的社会形象和市场竞争力。对可持续性的追求促使企业在产品设计、生产过程和商业模式上进行创新，开拓新的市场机遇。

五、韧性：面对市场波动、政策变化、国际贸易风险和紧急事件等外部挑战时能够快速适应和恢复

市场波动是新能源汽车产业链生态面临的常见挑战，韧性体现在企业对这些波动的应对能力上。企业能够快速适应市场需求的变化，如通过调整生产计划、优化库存管理来应对市场的波动。此外，企业通过灵活多样的市场策略，如产品多样化、定价策略的调整，来应对市场的不确定性。

政策变化是影响新能源汽车产业链生态发展的另一个重要因素，因此企

业的政策适应性是其韧性的重要体现。企业需要及时关注和响应政策变化，如调整业务策略和投资计划，以适应新的政策环境。企业通过多元化的政策应对策略，如参与政策制定、多渠道政策分析等，减少政策变化对业务的影响。

在全球化背景下，国际贸易风险是新能源汽车产业链生态需要面对的重要挑战。企业通过多元化市场战略，如开拓新的国际市场、调整出口产品结构，来降低对单一市场的依赖。通过加强国际合作，如与国际伙伴建立战略联盟，企业能够分散贸易风险，提高国际市场的稳定性。

紧急事件，如重要设施的意外损坏、自然灾害等，对产业链生态的影响可能是瞬间且深远的。企业需要建立有效的紧急事件响应机制，如灾难恢复计划、应急物资储备等，以快速应对紧急事件。目前，部分企业已经通过建立备份生产线和多地点生产布局，确保在面对紧急事件时能够快速恢复生产。

产业链生态的韧性对于企业在动荡的市场环境中保持稳定运作和持续竞争力非常重要。通过提高韧性，企业能够更好地抵御外部风险，保持业务的连续性和稳定性。韧性还有助于企业在面对挑战时保持发展动力，通过不断的适应和优化，实现长期的可持续发展。

第七章
硅谷持续优化产业链生态，
引领全球科技创新

作为全球科技创新的引领者，美国硅谷围绕技术、生产、服务、消费、调节等圈层构建了具有显著竞争优势的产业链生态，使其在不同科技时代持续保持着全球技术领导地位。

第一节　硅谷产业链生态的组成特征

一、硅谷产业链生态的圈层特征

（一）以不断的技术创新和快速的知识更新为特点，形成开放、竞争与协作的创新网络

硅谷的核心技术能力体现在对未来科技发展方向的判断和布局，以及对前沿技术的深入研究上。作为全球技术创新中心，硅谷孕育了多项技术革命，涉及从基础科学研究到实用技术开发的全过程，尤其在半导体、人工智能、云计算等领域，硅谷企业不仅推动了技术的迭代升级，还形成了新的商业模式和市场需求。例如，20 世纪 70 年代，英特尔发明了微处理器，奠定了硅谷在半导体行业的龙头地位。进入 21 世纪，硅谷企业率先布局移动互联网、云计算、大数据等新技术。最近几年，人工智能、自动驾驶、区块链、量子计算成为新一轮技术创新的热点。

专利等知识产权是硅谷技术层的重要组成。许多企业和研究机构通过申请专利保护自身技术创新，确保在激烈的市场竞争中保持优势。硅谷每年有数万项专利申请，近 2/3 的授权发明专利集中于"计算机、数据处理和信息存储"和"通信"领域。同时，硅谷也持续推动知识产权转化，知名大学如斯坦福在校内设立技术许可办公室，协助校内人员申请专利并许可使用。

硅谷通过孵化器、创业加速器等促进技术创新，同时存在着由各类企业构成的开放、竞争与协作的创新网络。硅谷的技术创新体系融合了多元化的元素，包括创业公司、风险投资机构、研究机构和大学。这种体系构成为创

新提供了肥沃的土壤，不断孵化出新的技术和商业想法。例如，硅谷拥有众多孵化器和创业加速器，如 Y Combinator、PNP，它们为初创企业提供资金、指导和资源，帮助这些企业快速成长。许多成功的科技公司，如 Dropbox 和 Airbnb，都是在这样的环境中成长起来的。

（二）通过高新技术制造、软件开发、服务设计、产品迭代和优化以及高效的供应链管理，实现将技术创新转化为实际产品和服务

硅谷的生产层包括微电子、生物工程等高新技术制造企业。这些企业利用先进的生产技术和设备，将研究成果快速转化为市场产品。例如，特斯拉在硅谷弗里蒙特的超级工厂采用创新的生产技术和自动化流程，提高了电动汽车的生产效率和质量，推动了电动汽车行业的发展。

硅谷的生产层还包括软件开发和服务设计企业。这些企业通过创新的软件解决方案和服务设计，满足了市场对高效、智能化服务的需求。例如，谷歌提供了一系列软件服务，如 Google Cloud 和 Google Workspace，这些服务通过创新的设计和高效的功能，满足了企业和个人用户的需求。

在供应链管理方面，硅谷企业通过全球化的视野和高效的策略，确保了产品的快速交付和成本效益，包括采用先进的信息技术系统来监控供应链的每个环节，实现资源的最优配置。例如，思科构建的供应链系统在 Gartner 供应链 TOP25 排行榜中排名第一，帮助了思科在全球范围内高效运作，确保了产品的快速交付和高质量。

硅谷的生产层不断追求持续改进和优化，包括流程改进、成本控制和可持续发展实践。硅谷企业不断改进生产和运营流程，旨在提高效率、降低成本并提升产品质量。有效的成本控制策略对于保持竞争力至关重要，企业通过精益生产、供应链优化和资源管理来控制成本。此外，硅谷企业也越来越重视可持续发展实践，包括采用环保材料、提高能源利用效率和减少废物产生。

硅谷不仅拥有一流的大学来培养尖端科研人才，还吸引了来自国内外的全球顶尖人才，为硅谷企业的产品开发和技术创新提供了源源不断的动力。例如，Meta 和谷歌等公司通过高薪和股权激励吸引了全球顶尖人才，为其持续的产品创新和技术发展提供了支持。

硅谷的生产层通过高新技术制造、软件开发、服务设计、产品迭代和优化以及高效的供应链管理，展现了其将技术创新转化为实际产品和服务的强大能力。这一层是硅谷产业链生态中不可或缺的一部分，为硅谷的持续创新和稳固市场领导地位提供了坚实的基础。

（三）融合金融服务、专业服务、市场营销和客户支持等多方面业务的硅谷产业链生态服务层，为各类型客户提供支持技术创新和产品开发的关键服务

硅谷的金融服务为技术创新和企业发展提供了资金支持，包括风险投资、天使投资和银行贷款等多种融资渠道。这些金融服务不仅为初创企业提供了成长资金，也为成熟企业的扩张和并购活动提供了支持。

硅谷的专业服务机构为科技公司提供了法律、会计和咨询等服务。这些服务帮助企业处理复杂的法律和财务问题，确保企业能够专注于技术创新和市场发展。例如，硅谷的律所如 Wilson Sonsini Goodrich & Rosati，专门为科技公司提供法律服务。这些律所不仅帮助企业处理知识产权和合同问题，还提供并购和上市等业务的法律咨询。

硅谷的市场营销和客户支持服务帮助企业推广产品和服务、建立品牌形象，包括广告、公关、社交媒体营销和客户关系管理等。例如，谷歌通过各种渠道推广产品和服务，如搜索引擎营销、社交媒体广告和内容营销。谷歌还通过提供高质量的客户支持，如帮助中心和在线社区，来提升用户体验和满意度。

硅谷的服务层也提供数据和技术服务，这些服务为企业提供了数据分析、云计算和 IT 支持等关键技术，使企业能够高效地处理大量数据，提升

自身业务决策和运营能力。例如，硅谷的数据服务公司 Palantir 提供数据分析和业务智能服务，帮助企业从大数据中提取有价值的洞察，支持决策制定。

硅谷的服务层还提供人才培训和发展服务。这些服务帮助企业培养和发展员工的技术和能力，确保企业拥有适应快速变化市场的人才队伍。例如，LinkedIn 的职业发展服务，提供各种在线课程和培训，帮助专业人士提升技能，促进职业发展。

此外，硅谷的服务模式创新也推动了整个行业的变革。例如，Salesforce 推出了 SaaS 服务，通过云技术实现了软件的按需订阅；苹果 App Store 构建的移动应用生态圈为开发者创造了新的盈利模式。这些创新的服务模式提高了资源利用效率，激发了更多创业活力。

硅谷的服务层通过提供金融服务、专业服务、市场营销、客户支持、数据和技术服务、人才培训和发展服务，以及创新服务模式，为硅谷的技术创新和产业发展提供了强大的支撑。这些服务不仅帮助企业解决实际问题，还为企业的持续创新和保持市场竞争力提供了关键的支持。

（四）重视最终用户对技术产品的使用与购买，深度获取市场对技术和产品的需求与接受程度

硅谷的技术产品在全球范围内都有广泛的消费者，包括智能手机、计算机、软件和互联网服务等。消费者对技术产品的需求不仅推动了硅谷企业的发展，也促进了技术的普及和应用。而硅谷产业链生态的新兴技术、产品也能够伴随着这种消费网络通达全球。

硅谷的产品和服务不仅满足了消费者的功能需求，还提供了独特的体验。许多硅谷企业通过提供创新的用户界面和个性化服务，来吸引和留存消费者。例如，Netflix 通过使用机器学习算法来分析用户的观看习惯，提供个性化的电影和电视节目推荐。这种个性化推荐不仅提升了用户满意度，也增强了 Netflix 的市场竞争力。

　　硅谷企业通过收集和分析消费者反馈，不断优化迭代产品和服务。这种以用户为中心的设计和开发过程确保了产品能够满足市场的需求和预期。例如，特斯拉通过收集用户反馈和车辆性能数据，不断优化其电动汽车的设计和性能。同时，通过软件更新为已售出车辆提供新功能，提升了用户体验和满意度。

　　硅谷企业密切关注市场趋势和消费者行为的变化，以适应不断变化的市场需求。这些企业通过创新的产品和服务，快速响应市场变化，抓住新的商业机会。例如，谷歌不断调整其产品和服务，以适应市场和技术的变化。Meta 通过分析用户数据，如兴趣、行为和社交网络信息，提供个性化的内容和广告，提升了用户活跃度和广告效果。

　　通过对技术产品的广泛推广、对体验的重视、对消费者反馈的响应、对市场趋势的适应以及对消费者数据的深入利用，硅谷产业链生态不断增强自身能力，以满足消费层需求。这一层是硅谷产业链生态中与市场直接接触的重要部分，对硅谷的持续创新和稳固市场领导地位起着关键作用。

（五）政府监管、行业标准、法律法规等，构成了硅谷产业链生态的外部控制和指导框架

　　硅谷的发展受到美国联邦和加州政府的政策调控。政府通过制定相关政策、提供税收优惠、资助科研项目等方式，促进了硅谷的技术创新和产业发展，这些政策不仅支持了创新的生态系统，也为企业提供了稳定的发展环境。例如，美国政府的研发税收抵免政策帮助硅谷企业减少了研发成本，激励了更多的技术创新活动。

　　硅谷企业在制定和维护行业标准方面发挥着重要作用。这些标准不仅确保了产品和服务的质量，还促进了行业内的协作和竞争。硅谷企业，如谷歌和 Meta，参与制定了多项互联网技术和数据安全的国际标准，影响了全球互联网的发展。

硅谷企业在运营过程中必须遵守一系列法律法规，包括知识产权保护法、数据隐私保护法、劳动法和反垄断法等。这些法律法规为硅谷的商业活动提供了法律框架，保护了企业和消费者的权益。

硅谷企业在应对市场变化方面展现出极强的灵活性和创新能力。面对市场竞争加剧、技术快速迭代和消费者需求变化的挑战，这些企业通过不断的产品创新、市场策略调整和商业模式创新来维持竞争优势。例如，谷歌不断调整其产品和服务，以适应市场和技术的变化，将搜索引擎和广告业务与移动互联网和人工智能技术相结合，维护了其在市场上的领先地位。

硅谷的调节层通过提供政府监管、行业标准、法律法规等多种规范，为硅谷的产业链生态提供了外部控制和指导。这不仅确保了硅谷企业的合规和可持续发展，也促进了整个产业链生态的健康和有序发展。

二、硅谷产业链生态的流动特征

（一）硅谷产业链生态中原材料、组件、产品等物质流动，贯穿原材料采购、在制品流转、成品分销等多个环节

硅谷企业依赖全球供应链来获取必要的原材料和组件，如电子元件和生物技术材料。这些原材料的采购与流通对产品的研发和生产至关重要。例如，苹果在全球范围内采购原材料和组件，包括屏幕、芯片和其他电子元件，以生产其产品，这种全球化的物质流动确保了苹果产品的高效生产和市场供应。

在硅谷，大量在制品流转其中。在制品流转优化了资源配置，能够有效提升研发和生产的效率。例如，特斯拉将冲、焊、涂、总四大整车工艺以大联合形式集中在一个空间内，极大限度地缩短了各个工序之间的物流路径，同时，运用智能化、网络化的控制方式，提高各环节的生产效率与稳定性。

成功研制和生产的产品通过硅谷企业的分销网络送往全球市场。硅谷企业通常都建立了广泛的全球分销网络，以确保产品能够及时送达全球各地的

消费者。例如，苹果生产的手机、计算机等产品在发布后能够通过全球分销网络销售，确保产品能够快速到达消费者手中。而随着电子商务的兴起，硅谷的许多产品现在通过在线平台销售。同时，硅谷企业投入大量资源在市场营销和品牌推广上，以提高产品的市场认知度和吸引力。

硅谷企业通过有效的供应链管理来降低物质流动中的风险，包括对供应商的选择、库存管理和物流策略的优化。例如，思科通过对供应商的严格选择和库存管理，降低了供应链中断的风险，确保了产品的稳定供应。

硅谷最终构建了一个覆盖全球的复杂物质流传输体系。以苹果为例，其供应链涉及全球多个国家和地区的数百家企业。这些企业各自负责生产显示屏、传感器、存储芯片、电路板等关键零部件。零部件经由富士康等企业在中国、越南等地组装成最终产品，然后运往全球各个国家的仓储终端，再由本地运营商进行最后一公里配送。复杂、高效、准确的跨国供应链保证了产品的快速交付。

硅谷的物质流动通过原材料采购、在制品流转、成品分销等多个环节，支撑了整个产业链生态的运作。这些物质流动不仅确保了产品的高效生产和市场供应，也对环境保护和资源利用效率产生了积极影响。

（二）涉及资金流、人才流、技术流和政策能量等多个方面的产业链生态能量流动，为硅谷产业链生态的快速发展提供动力

资金流是硅谷产业链生态最关键的能量流之一。风险投资、私募股权投资、银行贷款等多种资金来源为硅谷的创新和企业发展提供了必要的动力，不仅支持了初创企业的成长，也为成熟企业的扩张和创新提供了资金。例如，红杉、a16z 等风险投资公司为许多硅谷初创企业提供了资金和资源，帮助它们快速成长。这些投资不仅帮助企业进行技术研发，还支持它们的市场扩张和团队建设。

人才是硅谷产业链生态的另一个重要能量源。硅谷吸引了来自全球的顶

尖科研人才和专业人士，为其产业链生态提供了丰富的人力资源和创新思想，人才的流动促进了产业链生态的创新和活力。例如，谷歌和 Meta 等公司通过提供有吸引力的工作环境和职业发展机会，吸引了来自全球的顶尖人才，这些人才的加入加速了公司的技术创新和业务扩张。

硅谷的技术流是其产业链生态创新的核心。各主体要素之间相互交流、转让和应用技术，促进了技术的快速迭代和创新，加速了新技术的开发和市场应用。硅谷的大学和研究机构，如斯坦福大学和加州大学伯克利分校，通过技术许可办公室将研究成果转化为商业应用。这些技术转让活动促进了新技术的商业化和产业应用。

美国联邦政府和加州州政府通过税收减免、政府科研项目拨款以及基础设施立项投入等，向硅谷企业注入政策性激励能量。这些政策不仅支持了技术创新，也为企业提供了稳定的发展环境。例如，美国政府通过提供研发补贴和税收优惠，支持硅谷企业的技术研发活动，激励企业进行更多的技术创新和研发投入。

硅谷的能量流动通过资金流、人才流、技术流和政策能量等多个方面，为产业链生态的快速发展提供了动力。这些能量流动不仅促进了产业链生态的创新和活力，也为硅谷在全球科技产业中保持领先地位提供了支持。

（三）知识、市场信息、技术信息等信息的传播与流动，促使硅谷产业链生态内各企业快速获取前沿发展趋势，实现数据驱动

硅谷的信息流动特别强调知识共享和交流。企业、研究机构和教育机构之间的信息交流促进了知识的传播和技术的快速迭代，这种开放的信息环境是硅谷创新体系的重要特征。例如，硅谷定期举办各种技术论坛和会议，如 TechCrunch Disrupt 和 Google I/O，这些活动为参与者提供了分享知识、讨论技术趋势和建立合作关系的平台。

硅谷企业在决策过程中强调数据的重要性。通过收集和分析大量数据，包括消费者行为分析、市场趋势预测和竞争对手分析等，企业能够做出更加科学和精准的决策，数据驱动的决策是硅谷企业保持竞争力的关键。例如，谷歌通过分析搜索数据、用户行为和市场趋势，优化其搜索算法和广告服务，提高了用户体验和业务效率。

硅谷的技术信息流动包括新技术的发布、研究成果的分享和技术标准的制定。这些技术信息的传播对于推动行业的技术进步和标准化至关重要。硅谷的开源软件项目，如 Linux 和 Apache Hadoop 等，通过共享源代码和技术文档，促进了全球范围内的技术合作和创新。

硅谷企业内部的信息流动也非常重要。通过有效的内部沟通和信息共享，企业能够提高团队协作的效率，加速产品开发和创新过程。例如，特斯拉通过建立高效的内部沟通渠道，如团队会议和内部社交平台，确保了信息的快速流通和团队协作的高效。

硅谷的信息流动通过知识共享、市场信息流动、数据驱动的决策、技术信息的传播和内部信息流通等多个方面，为产业链生态的创新和协调提供了动力。这些信息流动不仅促进了技术的快速发展，也加强了企业之间的合作和市场的适应性。

（四）价值创造、关键增值环节、价值转移与分配、价值最大化策略以及市场反馈与价值调整，促使硅谷产业链生态实现从原料到产品的价值跃迁

硅谷的价值创造始于基础研究和技术开发。这些活动通过创新的想法和解决方案，为产业链后续环节的运转提供了基础。价值创造不仅体现在技术本身，还体现在通过技术解决实际问题和满足市场需求的能力上。例如，谷歌的搜索引擎技术通过提供快速准确的信息检索，为用户创造了巨大的价值。这一技术的开发不仅是技术上的创新，也极大地改善了人们获取信息的方式。

硅谷产业链生态的关键增值环节主要为核心技术研发环节和商业化运营环节，这两个环节对终端产品的技术含量和附加价值的提升起决定性作用。例如，苹果通过创新的设计和高端技术，为消费者提供了高附加值的产品，如 iPhone 和 MacBook。这些产品不仅在技术上领先，还在用户体验上树立了行业标准。

在硅谷的产业链生态中，价值的转移和分配涉及产品的销售、服务的提供以及利润的分配。这些活动确保了产生的价值能够在产业链生态中得到有效的转移和利用。例如，特斯拉通过直销模式，将电动汽车直接销售给消费者，有效地将价值从生产端转移到市场。这种模式不仅减少了中间环节，也提升了消费者的购买体验。

硅谷企业通过各种策略最大化产业链生态中的价值，包括优化产品和服务、提高生产效率、降低成本以及开拓新市场。例如，谷歌通过将其核心技术应用于不同的产品和服务，如云计算、人工智能和数字广告，最大化了自身技术的商业价值。

硅谷企业密切关注市场反馈，根据消费者需求和市场变化调整产品和服务。这种灵活的价值调整确保了企业能够持续满足市场需求，保持竞争力。例如，Netflix 根据用户观看数据和反馈调整内容库，确保其视频流服务能够持续吸引和满足用户的需求。

硅谷的价值流通过价值创造、关键增值环节、价值转移与分配、价值最大化策略以及市场反馈与价值调整等多个方面，展现了其在创造和增加价值方面的能力。这些价值流动不仅推动了硅谷产业链生态的发展，也为消费者提供了高附加值的产品和服务。

三、硅谷产业链生态的要素特征

（一）大型科技公司、初创企业、投资机构、研究机构等不同实体共同构成了硅谷产业链生态

硅谷园区内包括大型科技公司、初创企业、投资机构、研究机构等不同

实体，它们在硅谷产业链生态中各自扮演着独特的角色。

硅谷的大型科技公司，如苹果、谷歌、Meta，在硅谷产业链生态中扮演着领导者的角色。这些公司不仅在技术创新上处于领先地位，还通过投资、并购和合作推动整个行业的发展。例如，苹果通过其创新的产品和服务，如iPhone和App Store，不仅改变了消费电子和移动通信市场，还对整个科技产业的发展方向产生了深远影响。

硅谷的初创企业是创新和变革的源泉，扮演着技术创新探路者和颠覆者的角色，致力于新技术的研究和新模式的探索，这些企业通过提出新的想法和解决方案，挑战现有市场和技术格局。例如，推出ChatGPT的OpenAI作为一家初创企业，成立仅数年时间，员工数仅700余人，但开发出了颠覆世界技术发展的生成式大模型。初创企业的成功往往依赖于风险投资的支持和与大型企业的合作。

风险投资公司和天使投资者在硅谷产业链生态中提供了必要的资金支持。这些投资机构不仅为初创企业提供资金，还提供业务指导和市场连接，帮助企业快速成长。例如，红杉资本作为一家领先的风险投资公司，投资了多家成功的硅谷企业，如谷歌和LinkedIn，促进了这些企业的成长和创新。

硅谷的研究机构，如斯坦福大学和加州大学伯克利分校，进行基础科学研究和前沿技术探索，为硅谷的技术创新提供了知识和人才基础。斯坦福大学的研究成果在硅谷的技术创新中发挥了重要作用，如谷歌的搜索引擎技术最初就是在斯坦福大学开发的。这些机构还通过基础研究和技术转让，促进了新技术的发展和商业化。此外，高校还向产业链生态输送了大量人才。

企业之间的关系及生态位不断变化，促进了技术创新和市场发展。企业通过合作实现优势互补，通过竞争推动创新和效率提升。例如，谷歌和苹果在某些领域如移动操作系统和智能手机市场是竞争对手，但在其他领域如搜索服务和应用市场又存在合作关系。

硅谷产业链生态中不同参与者通过各自的贡献和相互之间的动态关

系，共同推动了硅谷产业链生态的发展和创新。

（二）硅谷产业链生态涵盖从基础研究到产品开发、市场营销和最终销售的整个过程

硅谷的产业链生态具有多层次、多元化的结构特征。它不仅包括传统的硬件制造和软件开发，还涵盖了云计算、大数据、人工智能等新兴技术领域。这种多元化确保了硅谷能够在技术创新的各个领域保持领先。例如，谷歌的业务从最初的搜索引擎服务扩展到云计算、人工智能、自动驾驶汽车等多个领域，展示了多元化和创新能力。

硅谷的产业链生态起始于基础研究和技术开发，这是推动整个生态系统创新的基石。这一环节涉及大学、研究机构和企业的研发部门。斯坦福大学、加州大学伯克利分校等大学和研究机构在硅谷的基础研究中扮演着关键角色，这些机构不仅提供了基础研究成果，还培养了大量的科研人才。硅谷的许多科技公司，如苹果、谷歌和英特尔，都有强大的研发部门，这些公司的研发活动不仅聚焦于产品开发，还涉及基础科学和技术探索。硅谷的产业链生态在技术转移和商业化方面表现出高效率，研究成果快速从实验室转移到市场，推动了新产品和服务的开发。

硅谷的产业链生态中，初创企业的兴起是推动创新的关键因素，这些初创企业通常围绕新兴技术和市场需求成立。硅谷以其鼓励创业的文化而闻名，许多科技人才和研究人员选择创立自己的公司，将创新想法转化为商业产品。风险投资在硅谷产业链生态中发挥着重要的作用，为初创企业提供了必要的资金支持，帮助它们在竞争激烈的市场中成长。

硅谷的产业链生态中，成熟企业在市场上占据主导地位。这些企业通过不断的创新和市场扩张，维持其竞争优势。硅谷的成熟企业，如苹果、英特尔，通过不断的产品创新和市场策略调整，保持了其在全球市场的领导地位。这些企业不仅在本地市场表现强劲，还在全球范围内进行市场扩张，它们通过建立全球供应链、营销网络和客户服务体系，巩固了市场地位。成熟企业的市场主导地位对整个硅谷产业链生态产生了深远的影响，它们不仅是技术创新的推动者，也是市场趋势的引领者。

硅谷的产业链生态还包括了一系列服务与支持产业，如法律、金融、咨询和物流等，这些产业为科技公司的运营和发展提供了必要的支持。法律服务、会计和咨询等专业服务为硅谷企业提供了合规、财务和战略上的支持，这些服务对企业的健康运营和风险管理至关重要。物流、供应链管理和其他支持产业在硅谷的产业链生态中也发挥着重要作用，它们确保了产品的高效生产和及时交付。这些服务与支持产业虽然在硅谷产业链生态中较为隐蔽，但对于维持整个生态系统的运转和发展至关重要。

同时，硅谷产业链生态内部的企业之间存在着紧密的协作与竞争关系。硅谷的企业在追求自身利益的同时，也通过各种形式的合作，实现着协作与竞争的平衡，以联盟、合资企业和战略伙伴的形式，共同推动技术发展和市场扩张。例如，微软在投资 OpenAI 的同时，也在深入研究人工智能技术，以提出新的生成式大模型。

硅谷的产业链生态是一个高度复杂且互联的系统，涵盖了从基础研究到成熟企业的市场主导，以及服务与支持产业的作用。生态系统内的每个环节都紧密相连，共同推动了硅谷的持续创新和发展。硅谷的成功证明了产业链生态融合和协作对于推动技术创新和经济发展的重要性。

（三）不同生态位主体间通过并购投资、人才流动、技术许可、供应链协作等多种方式实现连接

硅谷作为全球科技创新的中心，其产业链生态具有高度复杂性，参与主体互相依存、竞合共生。硅谷产业链网络节点包括核心科技公司、初创团队、投资机构、高校、研究机构等，这些主体间通过并购投资、人才流动、技术许可、供应链协作等多种方式实现连接，通过不同产业链的融合与协同，共

同构成了一个复杂而高效的生态系统。

硅谷的产业链生态中，不同领域的技术相互融合，如信息技术与生物科技、新材料科学等，这种跨领域的融合推动了新技术的产生和应用。例如，生物信息学的发展，结合了生物学、计算机科学和信息技术，推动了个性化医疗和基因编辑技术的进步。硅谷鼓励开放式创新，企业之间、企业与研究机构之间的信息和技术共享非常普遍，这种开放的创新环境促进了知识的快速流通和技术的迭代。例如，开源软件项目 Linux 和 Apache，促进了软件开发的协作和创新。

硅谷的不同产业链之间也在相互协作。硅谷拥有一个成熟的创业环境，包括创业公司、风险投资公司、孵化器和加速器，这些主体相互协作，为初创企业提供资金、技术和市场支持。硅谷的设计生产企业通过高效的供应链和分销网络，将产品快速推向全球市场，这些网络的高效运作是硅谷成功的关键因素之一。例如，苹果的全球供应链和分销网络，确保了其产品能够迅速到达全球消费者手中。同时，硅谷的企业、大学和研究机构之间存在紧密的合作关系，这种产学研结合的模式加速了科技成果从实验室到市场的转化。例如，斯坦福大学与硅谷企业的合作，促进了许多创新技术的商业化。

硅谷的产业链生态通过不同产业链的融合与协同，形成了一个独特的创新系统。这个系统不仅促进了技术的快速发展和应用，也使硅谷成为全球科技创新的引领者。在这个网络中，企业、研究机构、政府和投资者共同努力，推动了科技的边界不断扩展，同时也为全球经济的发展做出了重要贡献。

第二节　硅谷产业链生态的作用机制

一、技术、产品、服务、商业模式、管理方式等诸多层面的创新，使硅谷始终处于全球科技与商业前沿

硅谷的核心推动力来自于持续的技术创新。这里的创新不仅限于产品和

服务的改进，还包括新技术的探索和开发。硅谷的企业、研究机构和大学不断推动技术的边界，从而推动了整个区域经济的发展。同时，创新还体现在商业模式和管理方式上。

硅谷的创新文化鼓励冒险和实验，容忍失败。这种文化环境吸引了全球的创新者和思想家，共同推动了技术的快速发展。硅谷的企业和机构鼓励员工进行创新实验，支持他们探索新的想法和解决方案。

硅谷企业和研究机构在研发上的大量投入是推动技术创新的关键。这些投入不仅包括资金，还包括时间和人力资源。硅谷的许多企业将大量的收入再投入到研发中，以确保技术的持续进步和创新。

在硅谷，不同技术领域之间的交叉融合促进了创新的产生。例如，计算机科学与生物技术的结合推动了生物信息学的发展。这种跨学科的合作打破了传统的技术界限，创造了新的可能性和市场机会。

硅谷通过建立一个包容和支持创新的生态系统，促进了技术创新。这个生态系统包括风险投资、孵化器、加速器以及大学，这些主体共同为创新提供了必要的资源和支持。

硅谷的技术推动力体现在其对创新的不懈追求和对新技术的持续探索上。这种推动力不仅来自企业内部的研发投入，还来自于整个生态系统的支持和全球视野的拓展。硅谷的技术创新已成为推动全球科技进步的重要力量。

二、资金、人才、基础设施和政策环境等多方面资源的有效集聚和协同，为硅谷产业链生态提供了必要的支撑条件

硅谷的发展依赖于丰富的资金资源，包括风险投资、天使投资和政府资助。这些资金不仅支持了初创企业的成长，也为成熟企业的研发和扩张提供了动力。2022年，硅谷的整体风险投资总额为207亿美元，而旧金山为285亿美元，硅谷和旧金山的风险投资总额占到了加利福尼亚州（707亿美元）

的 69%，占到了美国（1504 亿美元）的 33%。大量资金的投入加速了许多优秀创业公司的成长。同时，健全的证券市场和投行体系，也使企业通过 IPO 等途径进一步获取发展资金。此外，硅谷的许多成熟企业，如苹果、谷歌，将大量利润再投入到研发中，这种再投资策略保证了其在技术创新上的持续领先。

硅谷吸引了全球的顶尖人才，包括工程师、科学家和企业家，这些人才的集聚为硅谷的持续创新提供了源源不断的动力。同时，硅谷拥有全球顶尖的科研人才资源，斯坦福大学、加州大学伯克利分校等高校提供了源源不断的优秀毕业生。硅谷的人才流动性非常高，员工经常在不同公司之间流转，促进了知识和经验的交流，这种流动性为硅谷的创新生态系统带来了活力和多样性。充沛、高质量的人才资源是硅谷得天独厚的创新优势之一。

硅谷拥有完善的基础设施，包括高速互联网、先进的实验室和舒适的工作环境，这些都是支持创新和发展的重要资源。硅谷的高速互联网和大量的数据中心为科技公司提供了必要的技术支持，这些基础设施保证了数据的快速处理和存储，对于云计算、大数据分析和在线服务至关重要。硅谷的许多企业和研究机构拥有世界一流的实验室和研发设施，这些设施使得企业能够进行高水平的科学研究和产品开发。硅谷的企业重视创造舒适和灵活的工作环境，这不仅有助于吸引和留存人才，也促进了员工的创造力和生产力。

美国政府历来高度重视科技创新，通过多种政策手段支持硅谷的发展。20 世纪 60 年代起，美国开始大力资助微电子等高新技术领域的研发，奠定了硅谷在这些领域的领先地位。进入 21 世纪后，美国政府出台更多税收减免等措施鼓励风险投资和科技创业。这些政策举措极大地促进了硅谷科技事业的繁荣兴盛。现在，美国联邦政府和加州州政府提供了有利的政策环境，税收优惠、研发补贴和知识产权保护等政策为企业提供了稳定的发展环境。

硅谷的资源支撑力体现在其对资金、人才和基础设施的重视上。这些资源的有效集聚和协同，为硅谷的持续创新和发展提供了坚实的基础。硅谷的成功证明了资源的集聚和协同作用对于建立一个强大的科技创新中心的重要性。

三、全球经济波动、政治和法律环境变化、技术快速迭代、竞争格局变化等对硅谷产业链生态产生了冲击，不断重塑其发展格局与方向

硅谷产业链生态的外界扰动力涉及多个方面，包括全球经济波动、政治和法律环境变化、技术快速迭代、竞争格局变化等。

全球经济的波动对硅谷产业链生态有着直接的影响。近年来，国际贸易争端和疫情防控导致的全球化倒退，增加了硅谷企业的外部不确定性。市场增速放缓直接影响硅谷众多企业的营收规模，同时全球范围内贸易保护主义的抬头也对企业的跨国业务带来挑战，这促使硅谷企业调整市场策略，加快技术创新脚步。例如，全球金融危机，使得硅谷的许多企业面临资金紧缩的挑战，但同时也催生了新的市场机会。

政治环境和法律法规的变化，如贸易政策的调整和数据隐私法的出台，对硅谷企业的运营和战略规划具有重要影响。例如，欧盟的《通用数据保护条例》（GDPR）对硅谷的许多科技公司产生了深远的影响，迫使它们调整数据处理和隐私保护策略。

技术的快速迭代给硅谷企业带来了持续的挑战，企业需要不断适应新技术，以保持竞争力。例如，云计算和人工智能的兴起迫使许多传统软件公司转型，以适应新的市场需求。

新兴市场和新兴企业的崛起改变了硅谷的竞争格局，这些新兴力量对硅谷企业构成了挑战，同时也带来了新的合作机会。例如，我国和印度的科技公司在某些领域与硅谷企业形成了直接竞争。

随着全球对环境保护和社会责任的关注增加，硅谷企业面临着在保持业务增长的同时，担当更多环境保护和社会责任的挑战，这要求企业在运营和产品设计中考虑可持续性和伦理因素。同时，随着技术的发展，硅谷企业面

临着越来越多的技术安全和用户隐私保护问题。数据泄露和网络攻击等事件对企业声誉和客户信任产生了重大影响，社会文化和价值观的变化也对硅谷的发展产生了影响。例如，人们对工作与生活平衡的重视促使许多科技公司改变其工作文化和员工政策。

硅谷的外界扰动力包括全球经济波动、政治和法律变化、技术迭代、竞争格局变化、环境保护和社会责任挑战、技术安全和隐私问题以及文化价值观的变化，这些因素共同影响着硅谷企业的战略决策和发展方向。硅谷企业需要灵活应对这些外部挑战，以保持其全球竞争力。

第三节　硅谷产业链生态的演化特性

一、动态性：硅谷产业链生态能迅速适应技术趋势和市场需求的变化

硅谷企业以其敏锐的市场洞察力闻名，能够迅速捕捉并响应市场的新动向。当新兴技术如区块链、物联网开始崭露头角时，硅谷企业不是被动等待市场成熟，而是主动出击，快速调整研发方向和产品线，抢占先机。例如，在智能手机的发展初期，苹果公司凭借 iPhone 的推出，不仅定义了智能设备的新标准，也带动了整个移动互联网行业的变革，这一过程正是硅谷产业链生态的动态性在市场适应方面最生动的体现。

硅谷产业链生态的动态性还体现在创新和风险投资之间的快速互动上。新兴技术和商业模式的出现不断吸引风险投资，而这些投资又推动了更多创新的产生。例如，硅谷的风险投资如红杉资本等，迅速响应市场和技术的变化，投资新的创业项目，推动了硅谷创新生态系统的持续活力。

硅谷的产业组织形式也呈现高度动态调整的特点。创业团队快速形成并进行产业链生态整合，成功后 IPO 或被并购重组，而失败的团队则会重新调整方向。这种高频率的组织重组是硅谷动态性的显著特征。

　　硅谷产业链生态的动态性是其核心竞争力的重要来源之一。这种动态性使硅谷能够在短期内迅速捕捉到市场机会和技术发展，并进行相应调整，保持其在全球科技产业中的领先地位，不断推动科技和社会的发展。

二、开放性：硅谷产业链生态始终推动技术和知识的共享，吸引全球人才，加强国际合作

　　硅谷鼓励开放式创新，企业之间、企业与研究机构之间的信息和技术共享非常普遍，这种开放的创新环境促进了知识的快速流通和技术的迭代。例如，开源软件项目，如 Linux 和 Apache，促进了软件开发的协作和创新。

　　硅谷吸引了来自世界各地的顶尖人才，这些人才的多样性和创新能力是硅谷持续创新的重要来源。硅谷的许多科技公司，如谷歌和苹果，拥有来自世界各地的员工，他们的多元背景和专业技能对公司的创新发展起到了关键作用。

　　硅谷的企业和机构在全球范围内进行合作和交流，推动了全球科技产业的发展。硅谷的许多企业与国际合作伙伴建立了研发中心和创新实验室，如谷歌在欧洲和亚洲都建立了研发中心。

　　硅谷通过建立包容、支持创新的生态系统，促进了开放性的文化。这个生态系统由多个主体构成，包括风险投资公司、孵化器、加速器以及大学和研究机构。例如，斯坦福大学与硅谷企业的紧密合作，促进了许多创新技术的商业化。

　　硅谷的开放性文化是其成为全球科技创新中心的关键因素。这种文化促进了技术和知识的共享，吸引了全球人才，加强了国际合作，构建了创新生态系统，并使企业能够快速适应新兴技术。这些因素共同推动了硅谷的持续发展和全球影响力的扩大。

三、进化性：硅谷产业链生态能够对新兴技术进行快速整合、长期响应市场需求、紧密跟随社会和文化变迁

硅谷企业能够长期适应市场需求的变化，不断调整其产品和服务，这种对市场动态的长期关注使得硅谷能够在竞争激烈的全球市场中保持领先。例如，亚马逊从在线书店发展成为全球最大的电子商务平台，并进入云计算服务领域，展示了其对市场长期需求的响应。

硅谷不仅在技术上进化，也在社会和文化层面上不断进化。企业和机构在其运营和产品设计中反映了社会价值观和文化趋势的变化。例如，硅谷的许多企业开始重视可持续发展，推出环保友好的产品和服务，如特斯拉的电动汽车。

硅谷的进化性还体现在其对全球化趋势的长期融入上。硅谷的企业不仅关注本地市场，还积极拓展国际市场，与全球的合作伙伴建立联系。例如，苹果、谷歌等公司在全球范围内的业务扩展，展示了其对全球市场的长期适应和影响力。

硅谷始终保持对新兴领域的探索精神，如区块链、量子计算和生物技术等。这种持续的探索不仅推动了技术的发展，也为硅谷带来了新的发展机会。例如，谷歌在量子计算领域的研究和实验，展示了其对新兴技术领域的持续探索和投入。

硅谷产业链生态的进化性体现在其对市场需求的长期响应、社会和文化变迁的反映、全球化趋势的长期融入以及对新兴领域的持续探索上。这些特点共同构成了硅谷强大的进化能力，使其成为全球科技创新的领导者。

四、可持续性：硅谷重视长期发展的稳定性和效率，同时考虑环境、社会和经济因素的平衡

硅谷企业越来越重视环境保护，努力减少业务活动对环境的影响，包括

采用清洁能源、减少废物和提高能源效率。例如，特斯拉在电动汽车和可再生能源技术方面的创新，减少了对化石燃料的依赖，推动了交通行业的环境可持续性。

硅谷企业在追求经济利益的同时，也越来越关注自身对社会的影响，包括提高员工福利、支持社区发展和促进教育等方面。例如，谷歌和苹果等公司提供丰富的员工福利和发展机会，同时通过慈善活动和教育项目支持社区发展。

硅谷的经济可持续性体现在其持续的创新和商业成功上。通过不断的技术创新和市场开拓，硅谷企业能够保持长期的经济增长。例如，苹果、微软、谷歌等公司通过不断的产品创新和市场扩展，成为全球市值最高的公司之一，展示了其经济可持续性。

硅谷的技术创新不仅是为了追求经济效益，也考虑到可持续发展的需求。许多企业将可持续性作为新产品和服务开发的重要考虑因素。例如，硅谷的许多初创企业，如清洁能源和环保技术领域的公司，将可持续性作为其核心业务和价值观。

硅谷产业链生态的可持续性体现在其对环境保护、社会责任和经济增长的综合考虑上。通过将可持续性融入技术创新和商业战略，硅谷企业不仅促进了自身的长期发展，也为全球可持续发展做出了贡献。

五、韧性：硅谷产业链生态以多元与创新为核心强化韧性，积极应对各类突发性风险挑战

硅谷，作为全球科技创新的领军者，其产业链生态展现出了卓越的韧性特性。这种韧性不仅使硅谷在面对市场波动、政策变化等外部挑战时能够迅速适应和恢复，更是其持续创新和引领全球科技潮流的关键所在。

硅谷产业链生态的韧性首先体现在其多元化和灵活性的产业结构上。硅谷拥有众多不同领域的企业，从半导体、信息技术到生物医药、新能源等，

这些企业之间相互依存、相互促进，形成了一个高度复杂且灵活多变的产业链网络。这种多元化的产业结构使得硅谷在面对某一领域市场波动时，能够迅速调整资源配置，将注意力转移到其他领域，从而保持整个产业链的稳定运行。

其次，硅谷产业链生态的韧性还体现在其强大的创新能力和技术储备上。硅谷作为全球科技创新的中心，拥有众多世界级的科技公司和科研机构，这些机构不仅拥有雄厚的技术实力，更具备强大的创新能力。它们不断研发新技术、新产品，推动产业链向更高层次发展。同时，硅谷还注重技术储备和人才培养，为产业链的长期稳定发展提供了有力保障。

最后，硅谷产业链生态的韧性还体现在其面对挑战时的积极应对和快速恢复能力上。无论是经济波动、政策变化还是国际贸易风险等外部挑战，硅谷都能够迅速调整策略、整合资源，以应对这些挑战。这种快速恢复能力使得硅谷能够在逆境中保持竞争力，持续引领全球科技产业的发展。

综上所述，硅谷产业链生态的韧性特性是其持续创新和引领全球科技潮流的关键所在。这种韧性不仅使硅谷在面对外部挑战时能够迅速适应和恢复，更为其长期稳定发展提供了有力保障。

第八章
成都"建圈强链"，
推动产业链生态高质量发展

作为全球化背景下的制造业城市,成都具有独特竞争优势和创新能力的核心在于其构建了一个多层次、高效能的产业链生态,通过"建圈强链"使各要素、各主体得到有效应用与整合,推动产业链生态高质量发展。

第一节 成都产业链生态的组成特征

一、成都产业链生态的圈层特征

(一)在电子信息、航空航天等关键领域持续创新,孵化前沿技术

技术层作为成都产业链生态的基础,涵盖了从基础研发到技术应用的全过程。根据《成都市产业建圈强链优化调整方案》等文件,成都在新一轮科技革命和产业变革中,通过加强技术层建设,推动产业链向高端升级,实现高质量发展。

成都在技术研发与创新方面的投入显著,尤其是在电子信息、航空航天、轨道交通等关键领域。一方面,成都建立了众多技术研发中心,专注于人工智能、大数据、新材料等前沿技术的研究,这些中心不仅是技术创新的孵化器,也是城市科技实力的象征,它们与全球研发网络相连,吸引国内外顶尖人才。另一方面,成都的企业与当地高校和科研机构建立了紧密的合作关系,共同进行科技研发和技术创新。这种合作模式不仅促进了学术成果的转化,还加强了产学研的紧密结合,为城市创新生态系统注入了新的活力。

技术层不仅关注技术的研发,还强调技术的转移和应用。成都建立了有效的技术转移机制,促进科研成果快速转化为实际应用,这一机制涵盖了从科研成果识别、评估到商业化的全过程,确保技术创新能够迅速转化为市场竞争力。同时,新技术在各产业链中得到广泛应用,如电子信息产业利用最新的半导体技术,生物医药产业应用新型生物技术。这些应用不仅提升了相关产业的技术水平,也为成都的经济增长提供了新的动力。

成都在技术标准制定和知识产权保护方面也取得了显著成就。成都积极参与国内外技术标准的制定，不仅提升了成都产品和服务的国际影响力和竞争力，也为全球技术发展做出了贡献。成都持续加强知识产权保护，为技术创新提供良好的法律环境，这鼓励了更多的创新活动，保障了创新者的利益，促进了一个健康和可持续的创新生态系统的发展。

强大的技术层为成都的产业升级提供了支撑，推动了成都产业从传统制造业向高技术产业的转变。这一转变不仅提高了成都产业的附加值，也为城市经济的可持续发展奠定了基础。通过技术创新，成都的企业在国内外市场的竞争力得到了显著提升，不仅提升了成都的品牌形象，也为其经济增长提供了新的动力。

（二）通过引入先进制造技术和智能化生产线，提升生产效率和质量

生产层是成都产业链生态的关键组成部分，其业务涵盖了从原材料采购到产品制造和质量控制的全过程，成都通过优化生产层，提升了产业链生态的整体效率和产品质量。

成都在生产过程中实施了一系列现代化措施，以提高效率和质量。通过引入和发展先进制造技术，如自动化、机器人技术等，提高了生产效率。通过推广工业互联网的应用，实现了生产设备的智能化和网络化，提高了生产的灵活性和透明度。同时，通过建设智能化生产线，实现了生产过程的精准控制和高效管理。这些措施不仅提高了生产效率，还降低了生产成本，提升了产品质量，从而增强了成都在国内外市场的竞争力。

成都不断优化其生产过程，以提升产业竞争力，包括优化供应链管理、减少生产成本、缩短生产周期、提高响应速度等。通过加强生产安全管理，采用先进的安全技术和设备，确保了生产过程的安全性。同时，通过推动生产链向环境友好型转型，如采用清洁能源、减少废物排放等，提升了可持续发展能力。这些措施有助于提升成都产业的整体竞争力，同时也符合全球强

化可持续发展的趋势。

成都的生产层通过现代化和智能化的转型，不仅提高了生产效率和产品质量，还促进了产业结构的优化升级。这些措施不仅降低了生产成本，也提升了企业的可持续发展能力，为成都的经济增长提供了强有力的支撑。

（三）注重数字化和高端服务业培育，在提升产业链生态服务质量和创新能力方面具备战略眼光

服务层是成都产业链生态稳定发展的重要保障，提供了必要的支持和增值服务，确保产业链的高效运转和持续创新。

成都在产业链服务中大力推广数字化，如通过云计算和大数据分析，优化供应链管理，提高生产效率和市场响应速度。数字化服务在电子信息、汽车制造等关键产业链中的表现尤为突出，提升了整个产业链生态的竞争力。

成都重点发展与产业链紧密相关的高端服务业，如设计、研发、市场咨询等，也包括科技中介服务、科技信息服务、科技成果转化服务等，这些服务为产业链提供专业支持，促进产业升级。特别是在集成电路、新能源等领域，高端服务业的发展对于提升整个产业链的附加值和竞争力至关重要。

成都积极建设高标准技术市场体系，促进科技成果中试熟化。积极打造科创生态岛，完善创新成果展示和转化服务功能。组建技术转移联盟，健全技术交易市场化机制，培育知名技术转移机构。制定中试平台申报制度，构建行业共享的中试服务体系，支持中试平台建设。

此外，成都加强了对产业链的金融支持，如设立产业投资基金、提供定制化金融产品等，这些措施为产业链中的企业提供资金支持，促进技术创新和产业升级。同时，成都注重产业链服务领域的人才培养和引进，如开设专业培训课程、吸引国内外高端人才，这些人才为产业链服务提供了强有力的支撑。成都也在积极构建国际化服务平台，如国际贸易中心、跨境电商平台等，这些平台为产业链提供了国际市场的接入点，促进了产业链的国际化发

展。成都还鼓励创新服务模式的探索，如共享服务、定制化服务等，这些新模式提高了服务效率，满足了多样化的市场需求。

通过这些多元化的服务发展，成都的产业链生态得到了全面的支持和提升，不仅增强了产业链的内部竞争力，也提高了对外的市场适应能力和创新能力。

（四）积极推动消费市场多元化，涵盖从传统零售到电子商务、体验式消费等多种形式

成都的消费层直接影响着产业链的有效运作，不仅体现了产业链价值的实现，也是推动产业创新和升级的重要动力源泉。

通过完善城市基础设施、提升商业环境质量，成都不断优化消费环境，提高消费者的购物体验，具体包括城市交通的便利化、商业区的规划优化、购物中心的现代化改造等。鼓励和支持新型消费模式的发展，如共享经济、绿色消费、智能消费等，以适应新的市场趋势。这些新型消费模式不仅提高了消费效率，也促进了产业链的健康发展。

成都利用大数据和人工智能技术，对消费数据进行深入分析，以更好地理解消费者需求和市场趋势。这种数据驱动的消费分析为市场提供了精准的决策支持，有助于产业链的优化和升级。同时，成都加强消费者权益保护，确保消费者在购买过程中的安全和公平，这不仅包括对商品质量的保障、对售后服务的完善，也涉及对消费者隐私的保护、对消费纠纷的有效解决等。同时，成都积极拓展国际消费市场，提升成都产品和服务的国际影响力，不仅有助于本地产品的全球化推广，也为成都的国际品牌建设提供了支持。

通过不断提升消费体验和满足多样化需求，成都成功地刺激了市场需求，促进了经济的持续增长。同时，对消费层的深入理解和适应推动了产业链的创新，促进了新产品和新服务的开发。

（五）在政策制定和市场调控方面注重精准性和灵活性，确保产业链健康发展

调节层在成都产业链生态中扮演着关键角色，开展政策制定、市场调控、风险管理等职能。通过有效的调节机制，成都能够确保产业链的健康发展，应对各种内外部挑战。

成都在政策制定上注重精准性，确保政策能够针对性地解决产业链中的具体问题，如科技成果转化、技术市场体系建设等。如通过发布智能制造、智慧治理等领域应用场景清单，支持创新产品政府采购。规划建设未来轨道交通科技园，打造未来产业创新和孵化高地。出台支持首台套和首批次创新产品市场化应用的相关政策。同时，强调政策实施的有效性，确保政策能够在实践中发挥预期作用，如通过科技成果中试熟化的促进，加快科技成果的应用。确保政策调整的灵活性，根据市场和产业发展的变化，灵活调整政策，以适应不断变化的环境。确保政策传达过程的透明性，让所有相关方都能清楚地了解政策内容和目标。

成都持续加强工信、市场等领域监管，确保产业链发展秩序的公平、公正。根据产业链发展动态及时进行调控，防止市场过热或过冷。建立应对市场异常情况的机制，如突发事件、市场波动等。提高信息的透明度，帮助企业和消费者做出更加明智的决策。成都在知识产权保护方面也采取了积极措施，通过加强知识产权法律法规的制定和执行，为企业的创新活动提供了良好的法律环境。

成都在完善公共服务体系和营商环境方面也取得了显著成就。通过建立完善的公共服务体系，为企业提供了包括行政审批、市场监管、技术支持等在内的全方位服务。通过简化行政审批流程、提高政府服务效率、优化税收政策等措施，为企业提供了良好的营商环境。

通过调节机制，成都不仅确保了产业链的平稳运行，也为城市的长远发

展奠定了坚实的基础。

二、成都产业链生态的流动特征

（一）高效管理产业链生态各环节要素，建立全球采购网络

物质流是成都产业链生态中不可或缺的一部分，涉及原材料的采购、产品的制造，以及最终产品的交付。有效的物质流管理对于保证产业链的高效运转至关重要。

成都的企业在原材料采购方面展现出了强大的组织和协调能力。这不仅体现在对原材料质量和成本的控制上，也体现在对供应链风险的管理上。成都的企业建立了广泛的全球采购网络，确保能够从全球市场获取质量好、成本效益高的原材料。例如，成都电子信息产业的企业通过全球采购网络获取所需的半导体材料等原材料，确保生产的连续性和效率。成都的企业在原材料采购过程中采取多种措施来管控供应链风险，包括建立多元化的供应商体系、进行供应链风险评估和监控、建立应急采购计划等。

成都的制造企业通过采用自动化、智能化的生产设备和技术，显著提高了生产效率，不仅降低了生产成本，也提高了产品质量。企业建立了高效的物流网络，确保产品能够在最短的时间内从生产线运输到市场，具体措施包括优化物流路线、采用先进的物流管理系统、建立与物流服务提供商的合作关系等。

成都的企业在产品终端交付和售后服务方面也有出色的表现。通过建立广泛的销售网络和服务体系，企业能够及时响应市场需求，提供优质的客户服务。这些销售网络不仅覆盖国内市场，也拓展到国际市场。企业重视售后服务的质量，通过建立专业的客户服务团队、提供定制化的服务方案、建立有效的客户反馈机制等措施，提升了客户满意度和品牌忠诚度。

成都构建高效的区域物流体系，保障产业链物流需求。在基础设施建设

方面,依托成都国际铁路港、成都天府国际机场等重大项目,成都实现与国内外市场的便捷联通,为产业链上下游物资流通提供通达支撑。随着西部陆海新通道建设进展,从成都到印度洋的多式联运新通道正在加速形成,将更好地服务对外贸易物流。在集疏运体系建设方面,成都对公路、铁路、航空等运输方式进行合理配置,实现多式联运。在陆路方面,依托绕城高速公路、成彭高速等形成"2 绕 11 射"高速公路网。在铁路方面,基本建成"1 环 15 射"成都铁路枢纽网络,成都境内铁路里程达到 1100 千米,实现产业链物质流的汇聚与分流。在空运方面,天府国际机场开通了货运航线,为产业链提供高效货运服务。在商贸物流基础设施方面,成都建设了 3 个综合保税区,集保税加工、保税研发、保税维修等功能于一体,提供货物加工和配送服务,促进产业链国际物流。

(二)注重资金、人才、技术的有效流动,增强企业的发展动力和市场竞争力

资金是推动企业和产业链发展的重要动力,成都的企业在资金获取和使用方面展现出强大的能力。成都的企业通过多元化的融资渠道获取所需资金,包括银行贷款、股权融资、政府补贴、风险投资等。这些融资渠道的多样性为企业提供了灵活的资金支持,帮助企业应对市场变化和发展挑战。成都的企业在资金使用方面表现出高效性。企业通过精准的市场定位和战略规划,确保资金被有效投入到研发、生产、市场推广等关键环节,从而提升企业的竞争力和市场份额。

人才是推动企业创新和产业发展的关键因素,成都在人才引进和培养方面取得了显著成效。成都通过与高校和研究机构合作,吸引和培养所需的专业人才,这些合作项目不仅为企业提供了高素质的人才,也为高校和研究机构的学生和研究人员提供了实践机会。成都的人才市场活跃,吸引了大量国内外高端人才。通过提供有竞争力的薪酬、职业发展机会和良好的工作生活环境,成都成功吸引了众多人才在此工作和生活。

在技术流动方面，成都拥有强大的科教力量，高校与科研院所的技术成果转化为产业发展注入持续动力。以电子科技大学和成都市政府的战略合作为例，双方在电子信息、生物医药、新能源等多个领域保持高效合作，大量前沿技术成果实现转化应用，带动成都高新产业快速发展。

（三）市场信息、科技信息、商务信息等高效传递和共享，提升企业的市场敏感度和决策效率

信息流在成都产业链生态中扮演着至关重要的角色，涉及市场信息、科技信息、商务信息等的流通，这对于企业制定策略、做出决策、优化运营至关重要。

成都的企业通过建立高效的信息收集和分析系统，能够及时掌握市场动态，做出快速反应。成都的企业利用先进的信息技术，如大数据分析、市场调研工具等，收集和分析市场信息，包括消费者需求、市场趋势、竞争对手动态等，来制定市场策略、调整生产计划。通过有效的市场信息流通，成都的企业能够快速响应市场变化，及时调整产品和服务，抓住市场机遇。

成都的企业和科研机构在科技信息共享方面也有出色的表现。成都建立了"成都科技创新云平台""天府科技云"等多个科技信息平台，促进科技信息的共享和交流，这些平台为企业提供了最新的科技动态、研究成果、技术交流机会等，促进了技术创新和应用。成都定期举办各类行业论坛、展会和研讨会，为企业和科研机构提供了交流和合作的平台，这些活动不仅促进了科技信息的流通，也加强了产业链生态内各方的联系。

商务信息流通对于成都企业建立商业关系、拓展市场非常重要。成都的企业通过参与商务会谈、合作洽谈等活动，建立了广泛的商业合作关系，这些活动不仅促进了商务信息的流通，也为企业开拓新市场、寻找合作伙伴提供了机会。成都的企业利用多种渠道进行市场推广和品牌建设，通过线上线下的营销活动、媒体宣传等方式，企业能够有效传播商务信息，提升品牌知

名度和市场影响力。

（四）通过技术创新和品牌建设等对价值流进行有效管理，推动产业链价值跃升

成都的企业在技术研发和创新方面投入巨大，通过不断的技术创新，提升产品的附加值，增强市场竞争力。例如，成都电子信息产业的企业通过研发新型半导体材料、先进的集成电路设计，提升了产品的性能和市场竞争力，带来了显著的效果。通过与高校和研究机构的合作，企业加速了新技术的研发和应用，推动了产业链的技术升级。

在生产制造环节，成都的企业通过采用高效的生产技术和管理方法，提高产品质量，降低成本。同时，成都的制造企业通过采用自动化、智能化的生产设备和技术，显著提高了生产效率，不仅降低了生产成本，也提高了产品质量，实现了产品增值。成都的企业在品牌建设和市场推广方面投入巨大，通过多渠道的营销策略、品牌形象塑造、客户关系管理等方式，企业提升了产品的市场知名度和品牌价值。

成都的企业通过优化价值链的各个环节，提升了整个产业链的价值。企业通过整合价值链上下游，提升了整体的运营效率和市场反应速度。例如，通过与供应商和分销商的紧密合作，企业能够更快地响应市场变化，快速推出新产品。除了传统的产品制造，成都的企业还提供了一系列增值服务，如售后支持、定制化解决方案等，进一步提升了产品和服务的价值。

三、成都产业链生态的要素特征

（一）核心企业、配套企业、服务类企业高效互动，为产业链生态的稳定提供坚实基础

在成都产业链生态中，不同企业和组织占据着各自的生态位，这些生态位决定了它们在产业链生态中的角色和功能。

核心企业在成都产业链生态中占据着中心地位，它们通常是技术创新、市场引领和品牌建设的领头羊。这些核心企业通常拥有强大的研发能力，负责推动技术创新和新产品的开发。例如，成都的一些高科技企业在集成电路、航空航天等领域进行着前沿技术的研发。这些企业不仅在技术上引领市场，还在市场策略、品牌建设上发挥着重要的导向作用，它们通过市场研究和营销策略，引领消费趋势和市场发展。

配套企业在成都产业链生态中扮演着支持和补充的角色，为核心企业提供必要的服务和产品。这些企业通常是供应链中的关键环节，提供原材料、零部件、生产设备等，它们的产品和服务是保证整个产业链生态顺畅运转的关键。这些企业通过与核心企业的紧密合作，共同促进产业链生态的发展，它们在技术交流、产品创新、市场拓展等方面与核心企业形成互补。

服务类企业在成都产业链生态中提供各种专业服务，支持产业链生态的高效运转和发展。这些企业提供包括物流、金融、咨询、法律等在内的专业服务，帮助其他企业优化运营管理、降低成本、提高效率。服务类企业通过提供专业服务，促进了产业链生态各环节的协同合作，在促进信息流通、金融支持、技术交流等方面发挥着重要作用。

面对市场变化，企业需要不断调整自己的生态位，以适应市场需求的变化。同时，随着技术的进步，企业需要更新生产工艺和产品，以维持或提升自己的生态位。

（二）成都产业链具有显著的多元性和综合性，在全球产业链分工中具有竞争优势和区域集聚优势

一方面，成都产业链呈现多元化特征，涵盖了电子信息、生物医药、新能源、高端装备制造等多个领域，最终形成了多个独立而又相互关联的产业链。另一方面，成都产业链持续进行垂直整合与水平扩展。垂直方向上深度整合，覆盖从上游的原材料供应到下游的产品销售各环节；水平方向上延伸扩展，形成跨行业的协同效应。

成都产业链生态的关键环节包括原材料供应、中间产品加工、最终产品制造和市场销售等。原材料供应商为产业链生态提供必要的原料，如电子信息产业的半导体材料、生物医药产业的化学试剂等。中间产品加工企业将原材料加工成为适用于下一步生产的半成品，如电子元件的组装、药品的初步加工等。最终产品制造企业将半成品进一步加工成为最终产品，如智能手机的组装、药品的最终包装等。市场销售环节负责将最终产品推向市场，包括国内外的销售网络和电子商务平台等。

成都产业链生态面临的挑战包括市场竞争、技术更新、供应链管理的复杂性等，同时也面临着技术创新、市场拓展等机遇。市场竞争要求企业不断提升产品质量和服务水平；技术更新要求企业持续进行技术创新；供应链管理的复杂性要求企业优化供应链结构和管理方式。而技术创新为企业带来新的发展机遇；市场拓展，特别是国际市场的开拓，为企业提供了新的增长点。

总体来看，成都产业链生态上中下游环节配套度高，形成了紧密的产业协作联盟，具有明显的区域集聚优势。

（三）产业链间资源配置不断优化，成都产业链的整体竞争力和市场适应性得到有效增强

成都的产业链生态展现出显著的融合特征，主要体现在不同产业链之间的互动和协同上。一方面，成都产业链生态中，不同产业链如电子信息、数字经济、航空航天、轨道交通等之间发生了深度的跨界融合。例如，信息技术与传统制造业的结合，推动了智能制造的发展；生物技术与新材料的结合，促进了新型医疗材料的创新。另一方面，成都市政府和企业共同建立了多个协同创新平台，如科技园区、创新中心等，这些平台促进了不同产业链之间的技术交流和资源共享，加速了产业融合的进程。

成都产业链生态中的主体通过协同合作，实现了资源的优化配置和共同

发展。在成都产业链生态中,上游的原材料供应商、中游的加工制造企业和下游的市场销售企业之间形成了紧密的协作关系,这种协同不仅提高了整个产业链的运行效率,也降低了运营成本。同时,成都产业链生态的融合性也体现在不同产业链之间的横向合作和整合上,企业之间通过技术合作、共享市场信息、联合研发等方式,实现了资源共享和优势互补。

在推动产业链融合与协同的过程中,成都产业链生态面临着一系列挑战。跨产业链的协同合作面临着文化、技术和管理上的挑战;市场需求的快速变化要求产业链生态具有高度的适应性和灵活性。这些挑战需要成都通过建立跨产业合作机制、加强产业政策的引导和支持,促进不同产业链之间的有效融合和协同。同时,通过加强市场研究和趋势分析,提高产业链生态对市场变化的响应能力。

第二节 成都产业链生态的作用机制

一、通过加大科技研发投入和促进创新成果转化,实现对技术推动力的强化,为成都产业链的升级和优化提供核心动力

技术推动力不仅是推动产业升级和创新的关键因素,也是提升产业竞争力和市场适应性的重要动力。技术推动力主要作用于产业链核心环节,形成较强的牵引带动效应,并通过上下游串联,促进产业链整体水平提升。

成都市政府不断加大对科技研发的投入,特别是在电子信息、生物医药、新能源等领域,这些投入不仅包括资金,还包括人才和政策支持。成都的企业积极将研发成果转化为实际应用,推动了产品和服务的创新。这些创新成果不仅提升了企业自身的竞争力,也为整个产业链的发展注入了新动力。

成都的高校和科研院所在原始创新方面发挥着重要作用。通过与企业建立紧密的合作关系,共同进行科技研发和创新,不仅促进了科研成果的转

化，也加强了企业的技术创新能力。高校和科研院所还负责培养高素质的科技人才，为成都的产业发展提供了人才支持。

成都市政府在关键核心技术领域提供了重要的引导和支持。成都出台了一系列政策，支持关键核心技术的研发和应用，包括税收优惠、资金补贴、研发平台建设等。政府还通过产业规划和引导，鼓励企业在关键技术领域进行投资和研发，推动产业链的技术升级和结构优化。

成都通过对技术推动力的不断强化，带动产业升级，提升产业链的整体价值。同时，通过技术创新，成都的企业能够快速适应市场变化，把握市场机遇，提升产品和服务的技术含量，进而提升企业的市场竞争力。

二、围绕要素保障、公共服务提升、营商环境优化等多个方面，对资金、人才和基础设施进行优化配置，为成都产业链的稳定运行和持续发展提供坚实基础

成都在要素保障方面采取了一系列措施，确保产业链的高效运转。市政府为企业提供了多种资金支持方式，包括政府补贴、税收优惠、融资便利化等，以降低企业运营成本，促进企业发展。此外，成都通过建立人才引进机制和促进企业与高校、科研机构的合作，为产业链提供了丰富的人才资源。这些人才不仅包括技术研发人员，也包括管理和营销等多方面的专业人才。

成都在提升公共服务方面也取得了显著成就，为产业链的发展提供了有力支持。成都加大了对基础设施的投入，包括交通网络、信息通信、能源供应等，为企业提供了良好的物理环境。通过政务服务的数字化，成都提高了政府服务的效率和透明度，为企业提供了便利的政务服务条件。

成都在优化营商环境方面也付出了诸多努力，为企业提供了良好的发展环境。市政府出台了一系列利好政策，包括降低企业税负、简化行政审批流程、提供产业支持等，为企业提供了有利的政策环境。此外，通过建立和完善市场监管体系，保障了市场的公平竞争，为企业提供了健康的市场环境。

资源支撑力的有效运用对于成都产业链的健康发展非常重要。通过确保资金、人才、基础设施等资源的有效配置和利用，成都的企业能够在稳定的环境中持续发展，提升竞争力。资源支撑力为成都产业链提供了持续发展的基础，企业能够在稳定的资源供应和良好的营商环境中，专注于产品和服务的创新与价值提升。通过资源的有效支撑，成都的企业能够提升其在国内外市场的竞争力，加速产业链的升级和转型。

三、灵活应对国家层面的产业政策调整、市场供需变动、国际国内市场竞争，把握新发展机遇，维护产业链稳定

外界扰动力在成都产业链生态中起着关键作用，包括国家层面的产业政策调整、市场供需变动、国际国内市场竞争等因素。这些扰动力对产业链的运营策略、技术路线、资源配置等方面产生了重要影响。

国家层面的产业政策调整会对成都产业链产生深远影响。国家产业政策的调整，如新能源、环保等领域的政策变化，要求成都的企业及时适应政策导向，调整自身发展策略。国家层面的产业政策调整也为成都产业链带来了升级和转型的机遇，促使企业投入更多资源于创新和技术改造。

市场供需的变动对成都产业链企业的运营产生直接影响。成都的企业需要灵活应对市场需求的变化，如消费升级、新兴市场的崛起等，以保持市场竞争力。面对原材料供应和产品销售市场的变化，企业需要优化供应链管理，保证供应链的稳定性和效率。

国际国内市场的竞争为成都产业链带来了挑战和压力。成都的企业需要适应全球化的竞争环境，提升产品和服务的国际竞争力，如通过技术创新、品牌建设等方式提升市场份额。在国内市场，企业面临来自同行业和跨行业竞争者的挑战，需要通过差异化策略、市场细分等方式保持竞争优势。

外界扰动力对成都产业链的健康发展产生重要影响。企业需要灵活应对这些扰动力，通过策略调整、技术创新、市场拓展等方式，提升自身的适应

性和竞争力。同时，需要加强对外界扰动力的风险管理，并积极寻找由此带来的发展机遇。有效应对外界扰动力，不仅能够帮助企业稳定发展，还能够推动产业链持续发展。

第三节 成都产业链生态的演化特性

一、动态性：面对即时市场变化和短期内外部因素快速响应

首先，成都的产业链生态在市场变化面前展现出了高度的灵活性和适应性。成都市政府和企业都高度重视市场动态，通过对市场信息的收集和分析，及时捕捉市场的新需求和新趋势。例如，随着消费者对健康和环保产品的需求日益增长，成都的食品、医药、新能源等产业迅速调整产品结构，推出符合市场需求的新产品，从而保持了产业的竞争力。

其次，成都的产业链生态在技术进步方面表现出了积极的拥抱态度。成都市政府大力推动科技创新，通过建立高新技术产业园区、提供税收优惠、加大研发投入等措施，鼓励企业进行技术创新和产品升级。例如，在电子信息产业领域，成都通过引进和培育一批具有国际竞争力的企业，推动了产业链向高端化、智能化方向发展。

再次，成都的产业链生态在政策调整方面展现了灵活的适应能力。成都市政府积极响应国家政策导向，通过制定和实施一系列产业扶持政策，引导产业向更加绿色、高效、可持续的方向发展。例如，在国家推动绿色低碳发展的背景下，成都积极发展新能源汽车、节能环保等产业，促进了产业链的绿色转型。

最后，成都市政府在优化营商环境、促进产业发展方面展现出高度的灵活性和前瞻性。通过实施一系列政策措施，如"蓉漂计划"吸引人才、减税降费减轻企业负担、设立产业投资基金支持重点产业发展等，为产业链生态的健康发展营造了良好的政策环境。

成都产业链生态通过增强动态性，提高了对市场变化的适应性，从而在激烈的市场竞争中保持优势。动态性还促进了成都产业链生态的创新发展，企业能够快速响应市场变化，推动新产品的研发和创新，从而不断推动产业链的发展。

二、开放性：积极融入全球产业链合作，引进先进技术和管理经验

成都积极拓展与全球产业链的合作，与国际知名企业建立了战略合作关系。成都的企业通过与国际企业的合作项目，引进先进的技术和管理经验，涵盖了电子信息、生物医药、新能源等多个领域，促进了本地产业的技术升级和产品创新。成都的企业也积极参与国际市场竞争，通过出口产品和服务，提升其在全球产业链中的地位，这不仅增强了成都企业的国际影响力，也为本地经济的增长贡献了重要力量。

成都市政府支持建设开放型创新平台，促进科技成果的转化和产业升级。成都建立了多个科技园区和创新中心，这些平台不仅为本地企业提供了研发和创新的空间，也吸引了国内外企业和研究机构的参与。这些开放型创新平台促进了不同产业之间的跨界合作，如信息技术与制造业的结合，推动了新产品和新技术的开发。

开放性为成都的企业提供了学习先进技术、拓展国际市场、吸引外部投资等机遇，有助于加速本地产业的发展和升级。同时，成都产业链生态的开放性虽然带来了机遇，但也带来了挑战。在与国际市场和技术标准接轨的过程中，成都的企业需要不断提升自身的技术水平和管理能力，以应对国际竞争的挑战。

三、进化性：通过技术驱动和结构性调整，实现自我完善和发展

成都产业链通过不断吸收和应用新技术，实现了长期的技术升级和产业迭代。例如，随着人工智能和大数据技术的发展，成都的电子信息产业链逐

步向智能化和数据驱动的方向发展。同时，成都持续投资研发和技术创新，以推动产业链的持续进化，包括支持企业研发活动、建立产学研合作平台、引进国际先进技术等。

随着全球经济和技术环境的变化，成都产业链生态进行了结构性调整，在技术创新的推动下，不断进行产业升级，如从劳动密集型向技术密集型转变，以适应新的市场需求和技术趋势。通过多元化发展策略，成都促进了产业链的多样化和综合竞争力的提升。例如，通过发展电子信息、数字经济、航空航天、现代交通等新兴产业，成都不仅丰富了产业结构，也提升了整体的经济实力。

进化性使成都产业链生态能够持续提升竞争力，通过技术升级和产业结构优化，保持其在市场中的领先地位。同时，进化性为成都产业链生态的可持续发展提供了基础，通过不断的自我完善和对外部变化的适应，成都的产业链能够实现长期稳定的发展。

四、可持续性：在保持经济长期稳定发展的同时，履行环境保护要求和社会责任

成都在产业发展中强调环境保护和绿色发展，以实现经济与生态环境的和谐共生。一方面，成都推出了一系列绿色产业政策，鼓励企业采用环保技术和清洁能源，减少生产过程中的环境污染。另一方面，成都建设了多个生态工业园区，这些园区在设计和运营中强调环境保护，如采用节能建筑、废水循环利用等环保措施。

成都的产业链生态发展同样注重社会责任和社区参与。成都的企业被鼓励承担社会责任，如通过提供就业机会、参与社区服务、支持公益活动等方式，促进社会和谐。产业发展过程中，也会积极听取社区的意见和反馈，确保产业发展与社区利益相协调。

通过实施可持续发展策略，成都的产业链生态不仅能够实现经济增长，

也实现了环境保护。同时，注重社会责任和社区参与的产业发展模式，有助于提升社会稳定性和和谐度，为企业创造一个良好的社会环境。

五、韧性：面对各类挑战时快速做出反应与调整，保持稳定运行

成都产业链生态的韧性根植于其多元化且均衡发展的产业结构。除传统的电子信息、汽车制造等支柱产业外，成都还积极培育生物医药、新能源、新材料等新兴产业，以及文化创意、现代服务业等现代产业体系。这种多元化布局减少了对单一产业的依赖，提高了整个产业链生态的抗风险能力。在面对外部经济环境变化时，不同产业之间能够相互支撑，保持经济整体的稳定发展。

成都注重产业链上下游的协同发展，通过优化产业布局、加强产业配套、推动产业创新等方式，形成了较为完善的产业链配套体系。这种完善的配套体系使得成都的产业链在面对外部冲击时，能够迅速调整生产、供应等环节，保障产业链的稳定运行。以 2020 年新冠疫情为例，成都迅速响应，通过政策支持、金融援助和供应链协调等措施，帮助受影响企业尤其是中小企业渡过难关。同时，成都利用其成熟的电子商务和物流体系，保障了居民生活必需品供应和企业原材料流通，实现了生产生活的快速恢复。这种快速响应机制和危机管理能力，体现了成都产业链生态在逆境中的韧性。

此外，在国际贸易风险的冲击下，成都的产业链生态表现出了较强的韧性。面对贸易摩擦和关税调整等不利事件，成都企业积极拓展多元化的市场渠道。一方面，加强与"一带一路"共建国家和地区的贸易合作，开辟新的国际市场；另一方面，深挖国内市场潜力，通过提高产品质量和服务水平，扩大在国内市场的份额。

因此，多元化的产业结构、完善的产业链布局、积极的应对举措等因素共同作用，使得成都产业链生态能够在面对各种挑战时展现出强大的恢复力和适应力，为成都乃至整个西部地区的经济发展提供了坚实保障。

第三篇
发达国家构建产业链生态的路径借鉴

第九章

美国：龙头企业引领下的
"产学研融合、快速转化"模式

　　美国长期执资本主义世界之牛耳，其各项产业实力均在全球保持前列。长期以来，美国依托其深厚的市场经济传统，形成了以发达的金融市场为基础、以龙头企业为引领、依靠创新创业注入活力的产业链供应链生态建设模式，牢牢把握着核心技术和供应链网络的引领与主导地位。

　　以电子信息行业为例，自 20 世纪 50 年代电子信息行业诞生以来，美国一直是电子信息行业最重要的生态引领者、创新策源地和标准制定方，并经受住了日本等后起之秀的挑战，形成了微软、苹果、英特尔、英伟达、IBM 等一批顶尖企业。美国能够一直在激烈的国际竞争中保持领先地位的重要原因之一，就是其凭借多主体反馈、互联、协同的创新创业生态系统获得的强大产业链体系优势。

一、以区域科技联盟为平台的协作机制

　　区域科技联盟由美国政府和民间组织合作组建，是促进产业集群创新的重要平台。以加州区域科技联盟（RTAs）为例，其包括分别位于旧金山、洛杉矶和圣地亚哥的三个区域科技联盟，主要使命是：从私人和公共部门筹集资金，支持技术开发、应用和商业化，应对行业变化并增强区域产业集群竞争力；制定和塑造管理技术使用的规则和规范；并向企业针对性地提供五方面服务。

　　一是信息服务。将投资伙伴、服务提供商、消费者等联系起来，加强主体间的技术信息交流。以洛杉矶区域科技联盟为例，其建立了互动交易网站，帮助企业寻找战略合作伙伴以及开拓新的全球市场。二是经济援助服务。帮助企业争取小企业研发创新计划、小企业技术转移计划等联邦政府研发计划支持，其方法是，通过竞争性的、有计划的奖励手段，监督并管理加州科技投资伙伴计划受助者的企业绩效，以扶持其争取联邦研发基金。此外，加州区域科技联盟还通过赞助投资者会议、组建企业商业联盟等帮助企业获取私人投资。例如，洛杉矶区域科技联盟持续赞助南加州科技创业论坛，旧金山

区域科技联盟赞助加州环境资本论坛，圣地亚哥区域科技联盟通过名为"Project Mercury"的机构建立起小企业和公共、私人资源的密切联系。三是管理和业务发展援助。加州区域科技联盟也为新兴科技企业提供管理和业务发展援助服务，例如，旧金山区域科技联盟建立了与海沃德加州州立大学小企业研究所的合作计划，使企业可以在营销计划制订、技术市场分析、高科技产品制造战略制定、业务培训等方面获得帮助；洛杉矶区域科技联盟运营的战略指导和振兴培训论坛有效地将私人顾问与小型科技企业联系起来。四是社区服务延伸。例如，圣地亚哥区域科技联盟的"Techtropolis 2010"计划，旨在为社区提供访问、获取塑造圣地亚哥未来想法和技术信息的窗口和平台，其包括四个社区项目：社区中心、科技博物馆、教学技术、科技之旅。五是产业集群支持服务。加州区域科技联盟为产业集群内的企业提供交流机会，如加州商业贸易局的战略技术办公室支持专家与生物医学、软件等特定行业开展合作。

二、政产学研用的多向交流互动

美国产业链供应链生态体系庞大而复杂，不仅表现在物资、资金和人员的广泛流动上，而且其政产学研用的互动密切多元且灵活，在多个层次上呈现互利互促的格局。硅谷产学研合作囊括知识和专利技术转移、共同研究、外部咨询、教学与人才培养、行业交流等多种形式。例如，在科技行业和大学之间，可以经常看到行业从业者在大学进修或任教、大学教师在学术休假期间任职于企业实验室等灵活的人员往来，与大学的密切合作有效提升了研究的针对性。位于硅谷的斯坦福大学和加州大学伯克利分校等知名的世界顶尖学府为企业提供了大量的基础研究成果和人才，这些人才能直面工业发展的实际问题，实现世界领先的技术突破。波士顿生物技术（生物制药）产业集群的形成和发展，就直接得益于该地区拥有哈佛医学院、麻省理工学院、波士顿大学医学院等一大批一流大学和国际顶尖医院。高校研究者出身的创业者发扬了传帮带的传统。硅谷有许多创业公司的创始人在大学获得博士学位或专业研究经历，他们成为在校学生的榜样，也为青年创业者提供各种帮助。在长效机制方面，以斯坦福大学技术许可办公室为代表的大学技术转移办公室是连接美国大学与行业的重要纽带，其会与来自高校实验室的发明者一起评估某项发明潜在的应用价值，并制定许可策略，寻找合作目标，推动技术转化及效益产生。

三、大企业和初创企业共生的商业系统

一方面，大企业往往是初创企业产品和服务的购买者，初创企业通过出售产品和服务从大企业"开放式创新"的实践中获益，也通过建设知识产权保护体系实现与大企业之间的利益平衡。另一方面，大企业通过并购初创企业快速实现市场目标，其倾向于从企业外部引进创意和技术，企业边界更加松散。例如，20 世纪 90 年代的思科外包了几乎所有制造环节，专注于设计并将其从实体制造运营中解放出来，开创了新的硅谷工业发展模式。大企业和初创企业的良性互动激发了企业创新动力，提升了产业集群的活力。例如，希望受益于硅谷产业集群的专业知识，通用电气等美国东海岸老牌公司都在旧金山湾区建立了实验室和生产基地，这些大公司的衍生公司为拥有专业技术的创业公司创造了良好的生态系统。美国政府在塑造产业技术轨迹方面也发挥着重要作用。例如，硅谷的许多早期无线电技术出售给美国海军，初创公司也将美国政府作为半导体和其他专业技术的主要买家。

四、以小企业为重点的科技服务网络

美国尤其注重发挥小企业在科技创新中的作用，美国联邦机构小企业管理局（SBA）在咨询、培训、成果转化、投融资等方面为小企业提供系统工具和服务。美国还设立由私营部门、教育界以及联邦、州和地方政府共同倡导组成的小企业发展中心。小企业发展中心旨在为小企业发展提供全方位的咨询、培训和技术援助，服务内容包括协助小企业进行财务管理、生产、组织、营销、可行性研究，以及向小企业提供国际贸易援助、技术援助、采购

援助等。此外，美国联邦政府还不断推出支持小企业创新的专项计划，定向扶持高增长小企业，包括小企业研发创新计划、小企业技术转移计划、小企业投资公司计划以及成长加速器基金竞争计划等，这些计划有效地为小企业提供了金融资本和研发资金，协助其商业开发和技术创新。美国 3000 多万家小企业是国家就业和经济增长的引擎，SBA 作为联邦政府的独立机构，其职责是确保小企业拥有启动和扩展业务所需的工具和资源，改善产业生态系统并提升美国的长期竞争力。SBA 在美国 10 个区域布局有 68 个地区办事处，自 SBA 成立以来，其已向小企业提供数百万笔贷款、咨询和其他形式的援助。美国小企业管理局、小企业、商业借贷机构的关系见图 9-1。SBA 在 2018—2022 财年制定了 4 个战略目标：

一是支持小企业收入和就业增长，包括：通过 SBA 资源伙伴和办事处网络帮助小企业获取 SBA 贷款信息，向资金不足的小企业补充投资资金；加强与地方政府的伙伴关系，为小企业提供量身定制的咨询和培训；在双边和多边贸易谈判中代表小企业利益，帮助小型出口企业在全球市场取得成功。二是建立健康的生态系统并创建友好的商业环境，具体为，向小企业提供个性化的专业服务和技术援助，为企业家提供面对面或虚拟的资源，建立健康的生态系统；维护一个保密的、用户友好的监察员流程以接收小企业投诉；代表小企业向联邦机构提倡创建公平竞争的商业环境。三是加强为小企业服务的能力，包括：确保 SBA 各机构的高效管理，招募包容性的员工队伍，注重员工专业发展和持续学习，实施企业信息管理和成本效益管控现代化。四是帮助小企业和社区灾后恢复，包括按地区和灾难类型进行灾前外联、灾害准备，利用 SBA 全国性基础设施帮助小企业和社区进行短期和长期复苏。

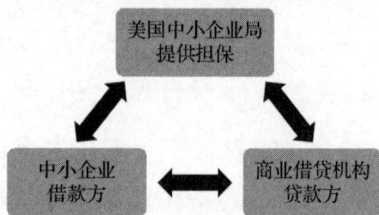

图 9-1　美国小企业管理局、小企业、商业借贷机构的关系

五、国家层面的机构设计和法律规范体系

美国国家层面拥有规模庞大的科技服务机构，包括国家技术转移中心（NTTC）和联邦实验室技术转让联合体（FLC），此外还设立有致力于科技信息传播和技术标准制定的国家技术信息服务中心（NTIS）和国家技术标准研究院（NIST）等机构。其中，国家技术转移中心为全国范围内的联邦机构和其他客户的技术商业化开发提供服务、咨询和培训等。联邦实验室技术转让联合体是由 300 多个联邦实验室、机构和研究中心组成的正式特许全国性网络，使命是促进实验室和机构成员的技术转移与商业化，通过技术创新创造经济社会价值。另外，美国的产业链创新生态系统离不开美国长期演化形成的以企业创新为核心、高效运行的创新政策体系。其严格的专利保护制度、成熟的创新主体推动政策、商业化促进政策刺激了基础研发，催生了庞大的中小企业服务组织，极大促进了技术创新和成果转化。隶属于国家技术标准研究院的制造业拓展伙伴计划（MEP）主要面向美国中小型制造商，共同开发新产品、拓展新客户和采用新技术，以帮助中小型制造商创造就业机会、增加利润和节约资金。MEP 网络包括 NIST MEP 和全美 51 个 MEP中心，其遍及 400 多个服务地点的 1300 多名制造业专家为美国制造商提供获取成功所需资源的访问权限。MEP 2018 财年客户服务统计结果显示，每投入一美元的联邦资金，MEP 网络就为制造商带来 29.5 美元的新销售增长；每投入 1065 美元的联邦资金，该网络就会创造或保留一份制造业岗位。1988—2015 年，MEP 资助了 8 万多家制造企业，参与 MEP 的中小型制造企业出口额平均增加 77 万美元，就业岗位平均增加 5 个，成本平均减少 5 万美元。

CHAPTER

10

第十章

日本：以产业政策工具为引领的
政府和市场高效融合模式

日本是以政府为主导，通过有效的产业政策积累竞争优势，实现赶超战略的出色范例。日本经验强调政府在产业链生态培育中的核心位置，对我国完善公共服务平台体系和政策保障支撑体系具有相当大的借鉴意义。

从历史维度看，在日本快速发展的 20 世纪 50～70 年代，日本积累了一整套系统的产业联盟培育经验。1957 年，日本政府首次提出"产业结构高级化"的目标，60 年代在优先发展重化工业的过程中，日本在公共投资、金融政策方面都倾注大量资金，同时颁布《外汇及外贸法》和《外资法》，吸收外资和外汇。70 年代后半期，日本开始实行国家项目管理制度，以国家力量统筹大型企业和研究机构的研发合作。以日本培育半导体产业的历程为例，1957 年日本制定《电子工业振兴临时措施法》，70 年代日本已具备初步的半导体研发能力，1976 年日本通产省组织龙头企业组成"超大规模集成电路技术研究组合"，在 64K 和 256K DRAM 芯片的研发中领跑全球。

一、实行"产业技术研究团体"组织形式

日本在推进新技术产业政策时，采取了"产业技术研究团体"制度，在这一制度下，政府明确某个特定产业主题，各企业共同出资、共同提供研究人员，成立非营利性的研究团队开展共同研究。政府通过给予参与企业税收优惠和补助金的方式，倡导民营企业参与科技研发。研究团体不分行业，鼓励拥有不同技术优势的企业开展共同研究，一旦研究课题得到解决，该研究团队就解散。从 1961 年到 1983 年，日本共成立了 64 个这样的研究团体。研究团体的课题很多是缺乏短期经济收益的基础研究，由于政府的资金补助，这些很难得到私人部门投资的领域有机会进行技术研究。其中最成功的案例是名为"超大规模集成电路技术研究组合"的技术研究组织，该组织由富士通、日立、三菱电器、日本电气和东芝五家半导体生产企业组成，这一组织产生了大量的技术专利，成功填补了日本和美国之间的技术差距，为日后日本的计算机和半导体产业的成功打下了坚实基础。

二、重视应用生态系统端政策工具的使用

进入 21 世纪以来，为巩固和发展日本制造新优势，日本非常重视环境侧、应用生态系统端政策工具的使用。以日本促进新能源汽车产业链生态系统形成的政策实践为例，日本政府在这一过程中尝试扮演"指挥家"的角色，不仅在供给端提供研发资助，推动技术进步与资源倾斜，而且以政策创造利基市场，对购车给予税收优惠和补助，挖掘需求侧对市场的引领潜力。此外，通过多种限制性政策，日本逐步限制汽车尾气等有害性气体排放，进一步鼓励新能源汽车的发展。具体地，21 世纪以来，日本政府先后颁布《下一代汽车及燃料计划》《下一代汽车普及战略》《纯电动汽车与插电式混合动力汽车路线图》等新能源汽车领域重要政策文件，制定了新能源汽车产业发展的顶层框架。同时，日本施行按步骤阶梯式的"绿色税制"和"环保车辆税"税收减免，并对达到一定环保标准的乘用车给予 10 万到 25 万日元的"环保汽车补贴"。日本政府在政策制定时注重前瞻性和综合效应。例如，在购买补贴政策设计上，日本直接为满足"下一代汽车"定义的车型提供补贴，而没有具体对电池标准等限制性条件提出规定，地方政府也并未对补贴车型进行排他性设置，有效避免了地方保护的痼疾。同时，日本重视统一协调下的标准体系建设。在官产学研的研发架构下，对充电桩等基础设施建设问题以及充电标准等问题，强调业界协调一致、联合推进，有效提升了日本新能源汽车产业的协同性和话语权。

三、注重构建长期稳定的协作关系

一方面，稳定的雇用关系是日本制造业形成国际竞争优势的一个关键因素。依靠终身雇用制、年功序列制，企业倾向于对员工进行长期投资，培养和提高其知识储备、现场技能及综合素质。拥有一批稳定的员工队伍为日本制造业附加值的提升提供了良好的支撑。在终身雇用制下，从企业成本角度看，整体雇用环境稳定，为企业节省了周期性的招聘及培训成本，企业对人

才的培养也具备更高的投资回报；从企业发展角度看，日本高新技术产业需要熟练度高的技术工人，而工人在稳定的雇用环境下也更乐意钻研尖端技术，促进技术产业腾飞；从雇员角度看，稳定的工作环境和雇用制度减少了自身对失业和技术更新换代威胁的焦虑，员工对于本职工作的专注度更高。

另一方面，日本大中小企业间形成长期稳定的协作关系，如大企业周围聚集了众多中小企业，为其生产和提供零部件、原材料；大企业与中小企业分工协作，形成上下游产业链，实现共同发展。日本中小企业数量约占企业总数的 99%，是日本制造业发展的中坚力量，也是日本技术创新的主要阵地。相对于大企业而言，中小企业规模小，在融资、吸引人才、技术开发、产品上市等方面处于劣势。为扶持其发展，日本采取了诸多措施，如成立中小企业金融公库、国民生活金融公库（2008 年与前者一道改组为日本政策金融公库）、商工组合中央金库等政策性金融机构，为中小企业提供不同期限的低息贷款；组建中小企业信用担保协会、中小企业信用保险公库，为中小企业申请贷款提供担保和保险。

第十一章
德国：突出智能化转型的数字赋能模式

德国在第二次工业革命中取得长足发展，经济实力长期位居世界前列，是欧陆模式资本主义的典型代表。目前，德国具有强劲的制造业实力且高度重视制造业，将工业安全作为国家竞争实力的重要组成部分加以维护，在发达国家制造业空心化的背景下独树一帜。信息技术革命浪潮下，德国积极发掘新技术带来的新机遇，为工业提效赋能，提出了"工业 4.0"战略。

一、加强顶层设计，学术界产业界密切协同，明确智能化发展方向

2013 年 4 月，德国工程院、弗劳恩霍夫协会、西门子公司等学术界和产业界代表组成的"工业 4.0 平台"向德国政府提交了题目为《保障德国制造业的未来——关于实施工业 4.0 战略的建议》的最终报告。报告强调，工业 4.0 作为智能化、网络化世界的一部分，可通过发展数字化和智能化能力，建设智能工厂，将智能化转型贯穿整个价值链，以满足用户多样化和即时性的需求，提升资源和能源利用效率，且适应城市生产和人口结构变化。该报告从监管框架、标准化建设、人员培训、资源需求等多个方面阐述了建议采取的行动，并将中小企业和大型企业组成的产业生态有机整合在智能生产的框架下。此后，德国陆续出台了一系列指导性规划框架，如 2014 年的《数字化行动议程（2014—2017 年）》、2016 年的"数字战略 2025"、2018 年的"高技术战略 2025"等，都清晰展示了德国政府以数字化、智能化为抓手重塑自身产业链竞争优势的宏大愿景。同时，相关概念与建议提出后，德国通过"工业 4.0 平台"将工业 4.0 的推进制度化，该平台已成为德国政策制定者的中心联络点，德国联邦教育和研究部（BMBF）以及德国经济和能源部（BMWI）共同为该平台出资，并为其提供了制度性保障。目前，"工业 4.0 平台"领导层包括 BMBF、BMWI 两大部门部长以及工业界、学术界和工会代表，以确保政府、企业、科研人员、工人等多方的充分参与，共同推动德国工业 4.0 的发展。此外，统一的标准是工业 4.0 的重要基础，德国成立了工业 4.0 标准化委员会（SCI 4.0），负责协调标准化活动，对工业 4.0 的内涵、要求、结构等进行细致分析，制定评价体系，以指导企业的推进并

量化当前进展。与此同时，工业 4.0 的核心是数字技术的赋能，为此德国构建了覆盖全国的"工业 4.0 实验室网络"（LNI 4.0），对技术进行审查、测试和推广。

二、以智能化联通上下游，推动制造业服务化转型

德国工业 4.0 是以智能制造为主导，围绕两大主轴"信息物理系统"（Cyber Physical Systems，CPS）和"智能工厂"（Smart Factory），推动制造过程从"自动化"提升至"智能化"的"工业+互联网"模式。在工业 4.0 模式框架下，德国形成了独具特色的产业链数字化智能化转型机制。以西门子、博世等德国龙头企业为引领，形成了一批智能工厂标杆示范项目。如德国安贝格西门子智能工厂，占地 10 万平方米仅需要 1000 名员工，近千个制造单元通过互联网进行联络，大多数设备都在无人力操作状态下进行挑选和组装。高度的智能化带来高度的可靠性，每一百万件产品中，次品仅约 15 件，追溯性更是达到 100%。再如巴斯夫位于凯泽斯劳滕的智能工厂试点，其洗发水和洗手液生产已完全实现自动化。客户直接下单到工厂后，生产流水线会自动地进行通信调度，决定生产产品的形态，每一件产品都有可能跟传送带上的下一件产品全然不同，大幅提升了生产的灵活性。德国以数字化、智能化为抓手提出的工业 4.0 愿景，从实现制造服务化、高附加价值化的高度重构了自身产业发展策略，为构建产业链供应链生态体系提供了借鉴。

三、发挥地方产业特色，培育专业集群网络

德国均衡的产业分布和政产学研用以集群为单位的集聚是其新兴产业发展的主要特色，不同区域结合自身优势，形成了独具特色的产业集群。以德国生物医疗产业集群为例，生物医疗产业具有高度综合性，上游供应商多而杂，需要大量精耕细分领域的小微特新上游企业或研发机构支持。在这种生态下，供应商与中游制造企业形成长期稳定的合作关系，并受地方政策针对性扶持。德国拥有 30 多个分布在全国各地、专注于医疗技术的专业集群

网络，它们的目标是通过连接企业、医院、大学和其他研究机构，在研究和开发及制造方面实现持续创新。如德国的纽伦堡医疗谷产业集群，现有 500 多家医疗技术公司和 80 多所大学研究院及高等应用科学学院，贡献了全德国在"诊断、外科、鉴别"科目中 42%的专利申请、"X 射线技术"科目中超过 63%的专利申请。通过鼓励投资、兴办行业会展、鼓励区域内的中小公司共用基础设施等方式，纽伦堡医疗谷产业集群有效维持其全球产业竞争优势。此外，专门的集群管理团队帮助集群成员获得联合研发项目的资金，提供共享设施，并为其成员组织教育培训。据统计，德国 91.5%的医疗器械产业集群参与者为中小企业，而正是这些中小企业及其参与的产业集群，支撑了德国诞生出如西门子、塞多利斯、德尔格、史托斯、贝朗医疗等多家全球医疗行业巨头。

第十二章
荷兰：政府、科研机构和私营企业
支撑下的稳固三角生态模式

荷兰同样是发达国家中产业链生态建设的标杆，其竞争力指数和创新指数均位于世界前列。在荷兰模式中，以高校为代表的科研机构占据重要地位，充分发挥着提供创新动力的关键作用。2014 年，荷兰政府颁布了"2025科学战略"，确立了"建设世界一流的科研力量，将科研与社会和产业界紧密结合，吸引全球顶尖科研人才"三大目标，清晰展示了荷兰强调科研机构同私营企业紧密配合的政策导向。

一、构建科学创新组织体系，完善流程明确权责

在组织模式方面，荷兰建立了由政府相关职能部门、科研咨询机构、经费拨款机构、中间组织和临时工作组、科研单位、企业及其他支持机构组成的科学创新组织体系，涵盖政策制定、咨询建议、资金投入和研发执行等驱动创新研发的全流程。承载公私合作的主体是荷兰众多的知识创新联盟组织，这些联盟组织覆盖各种国家鼓励的支柱产业，作为公私合作的法人平台，从政府获得拨款。同时，荷兰的科技实力并不集中在首都，全国各地都有许多蓬勃发展的科技中心，这种分布方式有助于形成以科技中心为核心的产业集群。此外，荷兰构建了以"决策机构和咨询机构—科研资助机构—科研实施机构—科研具体实施机构"为核心的四级科技创新体系，从资金、方向、实施、应用等多个维度进行投入，打造富有效率、利于创新的科研体系，集中力量突破关键领域前沿科技。

二、财税等公共政策精准合理，对社会主体形成有效激励

荷兰政府为公私合作提供财政激励和税收优惠，其设计的税收抵免和"创新盒"政策，将知识产权获得的利润税率大幅下调（由 25%降低至 9%）且申报不设上限，极大推动了企业的科技研发创新。在荷兰政府主导下，成立了包括政府、企业、高校和研究中心在内的知识与创新顶级行业联盟（TKI），探索将创新产品或服务推向市场的方法，推动荷兰园艺、医药、能

源等顶级行业进一步发展，其中高校和企业向联盟申请拨款，并由其审核项目决定是否发放资助。同时，公私合作也强调企业在其中的持续投入，以企业必须投入至少 40%的资金为前提，且合作协议必须是长期的，这都确保了合作体系的科学合理，政府和企业能够各司其职。此外，荷兰从 2018 年起设立了创新未来基金，为创新型中小企业和未来的重要研究提供额外资金。

三、推动校企合作双向互促，促进成果转化协同创新

在具体实施方面，荷兰的校企合作在科研和商业模式方面都各具特色。一方面是形式多样的科技创新合作，有科研实验室与企业研发部门的合作，也有多部门参与的战略协作，还有设立或入驻专门园区的专项协作，涉及的企业也涵盖从以飞利浦为代表的大型公司到中小微型企业。例如，埃因霍温高科技园区，从飞利浦的研发基地入驻起始，到现在已经拥有大量大型企业实验室和数百家企业。另一方面是商业模式和成果转化的创新合作，如伊拉斯姆斯创业中心等创新企业孵化器，可以聚合伊拉斯姆斯大学的学术资源为企业提供培训，同时与其他企业建立互助关系网。孵化器还会定期发布各种统计数据、调研报告和案例分析，有效推动知识成果向商业创新转化，并在推动人才双向流动、培养产业界和学术界的交叉创新等方面发挥重要作用。此外，荷兰注重协同创新，所有技术集群和参与其中的企业都以某种方式联系在一起，实现技术协同的紧密性。

四、以丰富的高等教育资源为抓手，培养吸纳国际化人才

荷兰是世界上人才竞争力最好的国家之一，2022 年全球人才竞争力指数（GTCI 2022）排名中荷兰排在第 6 位。一方面，荷兰注重培养人才，该国建立了一个强大的高等教育系统，在 2023 年 QS 世界大学排名中，荷兰有 11 所大学跻身世界前 250 位。荷兰将优质的高等教育资源作为吸引人才的主要阵地，研究型大学和应用科技型大学与国外机构合作频繁，并大量参与欧盟的区域合作项目，培养了大量国际化的精英人才，能够满足企业国际

业务和创新业务发展的需求。90%的荷兰人精通英语，再加上超过 100 万人的外籍员工，极大促进了荷兰与国际社会的双向交流，提升了荷兰产业的国际竞争力。同时，根据欧盟统计局的数据，荷兰人的数字技能在欧洲国家中排名最高，能够熟练使用互联网、计算机和软件。另一方面，荷兰以人才为中心，发展开放可持续的商业环境。政府、行业、科研院所等共同努力，对接企业与人才，使选择在荷兰投资的企业可以获得受过高等教育的国际化、多语种人才，而相关人才能在荷兰获得高回报的工作机会。

CHAPTER

13

第十三章
韩国：“政府主导、链群衔接、循序渐进”
的产业优化升级模式

韩国制造业，尤其是高技术含量的制造业，多年来在全球一直处于领先地位，拥有如三星、现代、LG、SK、起亚、海力士等一大批跨国链主企业。纵观韩国制造业发展，其始于轻工、纺织产业，发展于钢铁造船、机械、电子、石油化工、有色金属等产业，再到今天以电子、计算机、精密机械等产业而闻名于世。韩国制造业能够取得今日之成就，离不开其以产业链整合带动产业优化升级的产业链生态构建思路。

以主机行业为例，韩国的主机产业链由工艺、材料、元器件、设计、制造与测试等环节构成，其中最核心的部分就是处理器、存储器和芯片组等主要元器件的制造。从一个主机的设计到制造，再到测试、交付，每个环节都严谨而专业，这种完整的产业链体系和高精尖技术的支撑，也让韩国主机产业在国际市场上拥有很高的认可度和竞争力。

一、充分发挥政府的战略主导作用

在韩国产业发展和结构调整过程中，韩国政府一直起着主导作用，每一次产业升级都是在政府强有力的推动下完成的。政府通过出台各种政策，对战略性产业进行保护和培育，积极支持钢铁、汽车、造船和电子等产业发展，扶持大集团快速发展，支持大型企业跨国经营，打造出一批世界级企业。以高新技术产业为例，韩国尤其重视制定国家级发展战略计划，从宏观层面对高新技术产业的发展进行引导，并根据经济环境变化做适时调整。韩国高新技术产业政策梳理见表 13-1。

表 13-1　韩国高新技术产业政策梳理

时间/年	政策动作及要点
1987	制定第六个五年计划（1987—1991 年），确定加快开发新技术，发展技术密集型产业
1989	制定《尖端技术开发基本计划》，要求大力扶持发展信息产业、新材料、精细化工等十大领域尖端科学技术
2003	启动"十大新一代成长动力"科技发展工程，重点发展数码广播、智能机器人、新一代半导体和未来型汽车等十大高新技术产业

时间/年	政策动作及要点
2014	出台《未来增长动力落实计划》，从 205 项产业中遴选出智能汽车、5G 移动通信、智能机器人等 13 项有望带动韩国经济发展的未来增长动力产业
2020	发布"材料、零部件和设备 2.0 战略"，大幅扩充相应供应链管理名录，积极应对后新冠时代全球供应链重组变局，勾勒零部件产业强国和尖端产业世界工厂的宏伟蓝图

二、以相互衔接的产业链群推动产业结构升级

20 世纪 80 年代以后，韩国加大了产业结构的调整力度，以"稳定、效率、均衡"为总方针，重点是技术开发与自由竞争。调整产业结构的方向是按照产业比较优势的动态变化，建立三个互相协调发展的产业群。第一个产业群包括纺织、水泥、石化、钢铁、家用电器、汽车、造船等韩国传统优势产业，通过技术升级提高产品的附加值和国产化率。第二个产业群包括精密机械、精密化学、机械电子装置、航空、计算机等产业，这些是韩国相当长时期的主导产业。第三个产业群包括能源、信息、新材料、生物工程、系统工程等新兴技术产业，这些产业是韩国的未来产业。

三、分阶段灵活选择推进战略

韩国的工业化之所以成功，不仅在于其有一个长远的目标，而且在于其有具体的阶段性落实计划，在不同的时期制定不同的政策，分阶段推进。这意味着，经济新常态下产业的转型和升级，要根据国际国内形势的变化和产品比较优势的消长，制定相应的策略和具体的政策措施分阶段推进，同时要注重不同时期战略之间的衔接，保障政策有效落实。21 世纪以来，韩国经历了从"贸易立国""重化工业立国"战略向"科技立国""低碳绿色增长"战略的转变。通过各个战略的实施，韩国的产业结构实现了从劳动密集型向资本密集型、技术知识密集型的转变，整体实现向高新技术产业的过渡。

四、始终坚持基础设施建设先行原则

早在 20 世纪 60 年代，韩国就把公共投资的重点放在了电力、交通、通信等社会基础设施上，把大部分固定资产投资直接投向了基础设施建设项目，完成了铁路的电气化，修建了港口和通信设施，同时对城市的排水、排污、供气等公共基础设施进行了修整。从这一点来说，建设立体化的运输系统、一体化的通信网络、全球高密度的信息传输系统，加快推进先进、高级、具有创新性的国家先进基础设施，对于构建产业新体系、保障新兴产业发展具有重要意义。

第十四章

英国："创新思路、集群发展"助推下的老工业城市特色化转型模式

英国是世界上第一个走上资本主义道路的国家，也是最早实现工业化的国家。英国于18世纪40年代开始工业革命，前后经历了一个多世纪完成了工业革命，经济实力和国际影响力在当时的资本主义国家中遥遥领先。英国的工业革命首先从纺织业的一系列重大创新开始，然后扩展到其他生产领域，蒸汽机的改进奠定了现代化生产和铁路技术发展的基础。

随着国际政治形势和国际贸易的发展，美国、德国、日本等先后赶超英国。同时，由于英国经济社会和自身的种种因素，其产业发展逐渐失去了往日的辉煌。自从英国的老工业基地开始走向衰退的道路后，英国政府也开始想办法力挽狂澜，让这些老工业基地重新崛起。根据自身的国情、各个老工业城市不同的条件与状况，以及当前的国际大环境，英国政府为每一座老牌工业城市都摸索出了一条相对合适的发展道路，也都取得了一定的成效。

一、构建网络化产业集群

从1990年开始，英国政府在威尔士的各个工业城市开启了产业转型的模式，想办法优化产业结构，转型方向主要聚焦于汽车与飞机制造、电子信息两大产业，重点培育这两大产业的集群。政府把吸引外资企业当作启动产业集群建设的杠杆，通过提供优惠的土地与税收政策、给予财政补贴、改善生态和城市环境等方式吸引来自美国、日本企业的投资。到20世纪90年代末，又把政策着力点从基础设施等投资"硬环境"转移到技术转移、技能培训、商业服务等投资"软环境"上，更加注重增强外资企业在本地的嵌入性，兼顾外资企业和当地中小企业的发展。经过多年发展，如今威尔士已经在航空、光学电子、软件等领域居于世界领先地位，不同产业的发展特色以及各自所关注的发展方向也使得城市容貌焕然一新。威尔士产业特色及发展方向见表14-1。

威尔士制定的"区域技术发展计划"，把政府部门在本地企业和外资企业之间牵线搭桥、加速外资企业知识技术外溢作为一项重要的发展目标。基于此，威尔士发展局发起了"威尔士之源"项目，组成以威尔士本地制造业供应商为成员、类似于日本的供应商俱乐部的组织，以增加本地企业家和外资企业家的交流，推动他们之间达成长期共同研发、委托生产、采购等合作性活动，构建起本地化的完整产业链条。威尔士当局也鼓励当地企业与外资企业成立合资公司，使得外资企业的技术扩散加快。此外，技术俱乐部、卓越技术中心、"技术支持计划"等提供技术服务的机构或活动在威尔士也得到广泛设立与开展。

表 14-1　威尔士产业特色及发展方向

产 业 类 型	发 展 特 色	发 展 方 向
汽车	强势稳定型老产业集群	供应链发展
电子	主导产业增长模式	供应链发展
光电电子	主导产业集群	新技术发展
医药	更多关注研究领域	技术培训、商业服务
多媒体	谋求本土化发展	建设三大电视中心
航空	建立全球网络	技术发展
新能源	发展交叉型集群	技术转移
器械模具	汽车和电子产业部门的交叉生产	供应链发展

二、构建高科技产业集群

从 20 世纪 70 年代起，英国政府开始对伯明翰的经济结构进行调整，提出了构建高科技产业集群的方针，将产业发展政策的重点转移到 ICT 等高科技产业。为此，当地政府也在资金、政策、人才培养等方面给予这些高科技产业大力支持，到了 1980 年后，伯明翰的就业率有了大幅提高，且增加的就业岗位多以 ICT 行业为主。历经多年发展，伯明翰的 ICT 产业集群已经成为英国的主导产业集群之一。

伯明翰 ICT 产业集群的发展主要得益于政府的政策支持和相关机构的合作。政策重点是发展高技能人才，鼓励企业本土化经营并在生产流程中进行不断的升级创新，因此在投资项目的选择上重点关注那些雇用较高技能从业人员的企业和相关项目。ICT 产业集群发展的主要合作机构是军事部门，通过签订军事合同使得军事采购政策在促进产业发展的融资方面起到了很大作用。企业因与军队自身的国防研究机构合作，不但保证了 ICT 产品的市场需求，而且在科技创新和生产能力方面均得到了加强。此外，政府还主导发展研究型大学，突出高校教育、科技研究与经济的互动，从而促进了高新技术成果迅速商品化、产业化。

三、构建创意产业集群

格拉斯哥也曾是一个典型的工业城市，是苏格兰最大的城市和经济中心。为推动传统产业转型，20 世纪 90 年代，英国政府提出发展创意产业的构想，并于 1997 年正式提出发展创意产业集群，以促进经济的振兴和发展。格拉斯哥就是以发展创意产业集群为城市振兴战略的典型地区。

在创意产业的形成发展阶段，英国政府和苏格兰地方政府在财政投资、地区服务、管理体制和经营特权等方面都给予了极大支持。在发展创意产业的初期，格拉斯哥采取的是由外及内的发展战略。首先加强原有产业与政策机构的联系，形成当地的网络化经济发展模式。在此基础上，逐步推进创意产业的发展，注重发展本土力量，进行有选择的内部投资，如在内城建立电话客服中心以及实施回归内城办公的行动。此外，格拉斯哥还注重发展具有高附加值并能产生长期效益的产业，包括软件产业、高技术产业等。随着美国投资的增长，格拉斯哥内部产业集群逐渐形成，形成以创意产业、电子产业为主导，包括食品、饮料、纺织服装等其他产业的发展格局。

后记

　　本书是中国电子信息产业发展研究院 2023 年度重大软科学研究课题成果之一，是课题组全体研究人员共同创造的成果和智慧结晶。本书包括前言和十四个章节，由中国电子信息产业发展研究院副院长乔标担任课题顾问，指导课题研究工作；由曹茜芮副所长担任课题负责人，牵头课题报告和本书的撰写工作。其中，前言由曹茜芮、张义鑫撰写；第一章由王舒磊撰写；第二章由邵立国、么鹏飞撰写；第三章由王高翔、辛婷婷、王玥撰写；第四章由林佳欣撰写；第五章由曹茜芮撰写；第六至八章由张义鑫撰写；第九至十四章由王舒磊、张义鑫、么鹏飞撰写。

　　本书的研究、撰写工作，得到了工业和信息化部产业政策与法规司、中国电子信息产业发展研究院软科学处等部门的大力支持，多位智库、高校、行业和企业专家为本书提出了许多宝贵的意见和建议，在此表示衷心的感谢。

　　本书的出版离不开电子工业出版社的鼎力帮助，在此深表感谢。

　　由于水平有限，书中不足在所难免，敬请广大读者包涵和批评指正。